テーマ別

仲間とわいわい学ぶ

日本語

A2+～B1

基礎づくりから自立まで

Kameda Miho　Koreto Masahiko　Sato Maki　Sugino Minami　Sugiyama Chisato　Noguchi Ryoko

亀田美保・惟任将彦・佐藤真紀・杉野みなみ・杉山知里・野口亮子

KENKYUSHA

『テーマ別　仲間とわいわい学ぶ日本語』まえがき

この教材は、1991 年初版の『テーマ別　中級から学ぶ日本語』（現在は三訂版）以来のコンセプトを踏襲し、『テーマ別　中級までに学ぶ日本語－初中級ブリッジ教材』（2011 年，松田浩志・亀田美保著）の姉妹版として刊行するものです。

30 年以上の長きにわたって、「テーマ別」の愛称で多くの学習者、先生方に使い続けていただいている一連のシリーズは、テーマに沿って学習者同士および学習者と教師の間での対話を促すことを一貫して目指してきました。そして、これら教材を使用した日本語教育の実践において、教室に集ったお互いを知り合うところから自文化・異文化を考え、自他を尊重し、社会のありように対する理解を深め、共に生きていくための道を探ることに努めてきました。

2019 年６月に施行された「日本語教育の推進に関する法律」においては、「多様な文化を尊重した活力ある共生社会の実現に資するとともに、諸外国との交流の促進並びに友好関係の維持及び発展に寄与することを目的とする」とされています。すなわち、お互いを知り、認め合い、良好な関係を築くために、「ことばの力」が役立つことが明言されているのです。

この教材は、名称を『テーマ別 仲間とわいわい学ぶ日本語』とし、協同学習を通した学び合いを大切にしています。この教材が「ことばの力」を身につけるための一助となり、多くの学習者や教師の皆様に伝え合い、わかり合う喜びを感じていただけたら、誠にうれしくありがたいことです。

最後に、この教材の作成にはこれまで「テーマ別」シリーズをお使いいただいた学習者や先生方の貴重なご意見やご助言が大きな支えとなっておりますこと、心より感謝申し上げます。そして、出版に際し、辛抱強く原稿を待ち、丹念に編集していただいた研究社の三谷裕氏に厚く御礼申し上げます。

2023 年９月１日

著者一同

『テーマ別　仲間とわいわい学ぶ日本語』を使うために

1. この教材のねらい

この教材は、日本語を母語としない日本語学習者がより高度な日本語習得を目指すとともに、コミュニケーション力を高めることをねらいとして作られたものです。日常の雑談の中にも出てくるような身近な話題について、ともに学習する仲間と情報や意見の交換をすることにより自分自身と相手への理解を深め、異なる考えを受け止めて様々な視点から気づきを得、学び合うことを目指します。

2. 学習者と学習目標

この教材は、日本語を学ぶ留学生を対象としたものですが、日常的で身近な話題のもとで学習を進めますので、生活・就労・海外での留学準備など幅広い目的の学習者に使っていただけます。この教材で学ぶ学習者は、「基礎段階の学習を一通り終え、日常生活の一般的な場面で必要なやり取りができる」、「自分自身のことや身近で起こった出来事の説明ができ、意見や感想を簡単に述べることができる」段階にあります。そして、これらの力をさらに質的に高めることがこの教材の目標です。すなわち、学習目標は次の二つです。

❶身近な話題に関する出来事・経験・意見・感想などを、例や理由を示してわかりやすく伝えることができる

❷身近な話題に関して、異なる考えを持つ相手とも、興味・関心を持って情報や意見の交換ができる

学習目標❶は、自らの考えがより正確に伝わるよう、構造化されたまとまりのある文で伝えること、学習目標❷は、教室を「学び合いのコミュニティ」と考え、リアルな情報・意見交換を進める際に、ともに学習する仲間に対して興味・関心を持って対話し、それを自らの学びとして受け入れる態度、そして、協同的に学習を進める方法を身につけることです。さらに、この目標に到達するために、学習の過程で以下のような技能を伸ばしたいと考えています。

学習目標❶:

- 言語知識（漢字・語彙・文法等）の使用・拡張
- 言語運用能力（談話構成、流暢さ、正確さ等）
- 初歩的なアカデミック・スキル（情報検索・ノート取り・要約・発表等）

学習目標❷:

・言語活動ストラテジー（言語活動による課題達成のための方略）
・社会言語能力（場面・状況・相手に合わせた言語使用の適切さ）
・協同的な学びの態度・方法（仲間との情報共有・協力・調整等）
・自律的な学びの態度・方法（学習管理・学習ストラテジー・自己評価等）

3. 各課練習の構成とねらい

この教材は全12課からなり、各課は以下のような練習で構成されています。

❶課のテーマ：　各課のタイトルがその課のテーマとなっています。
❷この課で学ぶこと：　課の目標が説明されています。
❸覚えましょう：　課の新語が本文の提出順に並べられています。
❹いっしょに考えましょう：　課のテーマを導入するための質問が三つほどあります。
❺読みましょう：　課のテーマを紹介する文（1－3課500字前後、4－9課600字前後、10－12課700字前後）を読みます。なお、課の新出・読み替え漢字を含む語にはふりがながつけてあります。
❻答えましょう：　〈読みましょう〉の内容を確認する質問が五つあります。
❼使いましょう：　各課四つの表現が示されており、それらの表現を使った文を作る練習をします。
❽聞きましょう：　二人の人物の会話を聞いて、質問に答えます（音声ダウンロードについては vii ページを参照）。
❾音読しましょう：　〈聞きましょう〉の内容がひらがなとカタカナで書かれています。音読し、意味を理解したうえで、漢字かな交じり文に書き直します。
❿わいわい話しましょう：　ペアかグループで課のテーマについて情報や意見を交換する活動を行います。
⓫書きましょう：　課のテーマについて、300～400字で文を書きます。
⓬漢字の練習をしましょう：　各課で提示された新しい漢字（1－6課12字、7－12課15字、読み替え37字含む計162字）を練習します。

4. 語彙・表現の選び方

この教材では、『品詞別・レベル別1万語語彙分類集』（株式会社専門教育出版，1991年）Cレベルの語を原則既習とみなし、それ以外の語を新出語として提示しました。また、表現（〈使いましょう〉の練習項目）に関しては、既存の初級教材後半に多く提出されるもので、定着・運用に時間を要すると判断されたものを中心に集めました。

5. 漢字とふりがな

この教材では、旧日本語能力試験出題基準3・4級の漢字を既出とし、「『基礎漢字』の選定」（加納千恵子・清水百合・竹中弘子・石井恵理子，『筑波大学留学生教育センター 日本語教育論集』第3号 pp.75-93，1987）の「基礎漢字500」からそれらを引いたものを中心に新出漢字としました。1－6課12字、7－12課15字を配し、読み替え37字を含む162字を提出しています。また、各課本文では、それら新出漢字を含む語にふりがなをつけました。〈漢字の練習をしましょう〉の新出漢字の一覧では、A欄が新出漢字、B欄が読み替え漢字となっています。A欄では、新出漢字とともに、その漢字を使った語を示し、未習の語には＊をつけました。また、この教材で提出される予定の語には＊とともに課の番号が記されています。＊のついた語は、未習ではありますが、既習の漢字で構成された熟語であり、学習者は自力で読むことができ、意味の類推もある程度可能ではないかと考えられます。B欄では、既習の読み方を含む語が（　）の中に示されており、同時に復習ができるようになっています。

6.「日本語教育の参照枠」とのかかわり

この教材は、2011年8月に研究社より既刊の『テーマ別　中級までに学ぶ日本語－初中級ブリッジ教材』（松田浩志・亀田美保著）のコンセプトを踏襲するものですが、言語教育に関する新たな概念を提示された「日本語教育の参照枠　報告」（文化審議会国語分科会　令和3年10月12日）においても、いくつかの重要な点において方向を同じくするものと考えます。

まず、「日本語教育の参照枠」における言語教育観の柱の一つとして「日本語学習者を社会的存在として捉える」ことがあげられており、「言語の習得は、それ自体が目的ではなく、より深く社会に参加し、より多くの場面で自分らしさを発揮できるようになるための手段である」との一文があります。留学という貴重な体験、そして、日本語学習を通して、日本のみならず多くの異文化に触れ、自他を尊重し、より広い視野から社会のありようを考え、社会に働きかけていく、そういう豊かな複文化・複言語を持つ国際社会の一員を育成することを願い、この教材は作られています。そして、「教室」というリアルな出会いの場において学び合う過程を重視し、言語を使って伝え合い、理解し合うための自由な対話が可能となるよう、日本語力を高める工夫がなされています。

この教材を使用する学習者のレベルは、「日本語教育の参照枠」に照らすと、A2⁺からB1にかけてということになります。第1課から第12課まではゆるやかに段階付けられており、A1・A2で培った日本語力を安定的に発揮できるよう、テーマに即した協同的で対話的な活動を行います。そして、このような活動を通して、次第に言語使用の質を高め、伝えたいことを脈絡のあるまとまりでなめらかに適切に伝えることができるよう、学習を進めます。これら活動を支える能力は、言語知識だけでなく、言語運用能力や社会言語能力、言語活動ストラテジー、さらには、自己評価や「仲介」（mediation; *Common European Framework of Reference for Languages: Learning, teaching, assessment-Companion Volume 2020*）に関する能力であり、これらを意識し、評価に加えることで、「日本語教育の参照枠」に示されるB1の段階に伸ばすことが可能になると考えています。

＊〈聞きましょう〉の音声は研究社ホームページからダウンロードできます。「研究社ダウンロード」で検索し、「音声・各種資料ダウンロード」のページで以下のユーザー名とパスワードをスペースなしの半角英数字で入力してください。
ユーザー名：nakama
パスワード：waiwai23

目　次

第1課　オノマトペ

この課で学ぶこと

人や物のようすについて、自分が見たり聞いたり感じたりしたように伝えましょう。

覚えましょう

オノマトペ	表す	ふわふわ（と）スル	とろとろ（と）スル
状態	動作	ようす	場面
商品	オムライス	あつあつ	おでん
感じ［←感じる］	（強）さ	作者	生き生き（と）スル
意外ナ・ニ	伝わる		

いっしょに考えましょう

1．つぎの動物は、どのようになきますか。

a．牛　　b．さる　　c．にわとり　　d．ぶた

2．a～dは、何かの音を表しています。何の音だと思いますか。

a．オギャーオギャー　　b．ゴロゴロ　　c．ジュージュー　　d．トントン

3．a～dは、何かの状態を表しています。何の、どんな状態だと思いますか。

a．きらきら　　b．びしょびしょ　　c．ふらふら　　d．わいわい

「ふわふわとろとろのオムライスはいかが？」

「ワンワン」「ニャーニャー」のように声や音を表したり、「ふわふわ」「とろとろ」のように物の状態や動作が行われるようすを説明したりするときに使う言葉を「オノマトペ」と言います。オノマトペは、生活の中のいろいろな場面で使われます。

まず、コンビニの商品やレストランのメニューには、「ふわふわとろとろのオムライス」「あつあつのおでん」など、いろいろなオノマトペが使われています。これはオムライスやおでんを食べたときの感じを伝えるためです。また、「風がヒューヒューふく」、「ピューピューふく」、「ビュービューふく」などは、風のふき方を表していて、風の強さや冷たさのちがいが感じられます。

オノマトペは、みんなが知っていて、よく使われるものだけでなく、自分で考えることもできます。まんがやアニメには、作者が考えたおもしろいオノマトペがたくさん使われています。オノマトペを使うと、その場面を生き生きと伝えることができるのです。だれも使ったことのないオノマトペでも、意外に伝わるかもしれません。覚えて使うだけでなく、自分だけのオノマトペを考えてみませんか。

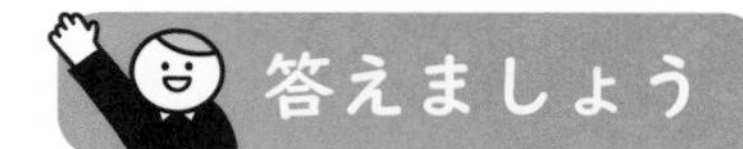

答えましょう

1. 「オノマトペ」はどんな言葉ですか。
2. コンビニの商品やレストランのメニューにオノマトペが使われるのはどうしてですか。
3. 風のふき方はどんなオノマトペで表されていますか。
4. まんがやアニメには、どんなオノマトペが使われていますか。
5. それはどうしてですか。

使いましょう

A 「～よう」の使い方をれんしゅうしましょう。

1. ここに書いてあるように、この店ではたばこはすえません。
2. いつも母に「ケーキやドーナツのようなあまい物ばかり食べてはいけない」と言われる。
3. ＿＿＿＿＿＿＿＿＿＿＿＿＿＿＿＿＿＿＿＿＿＿＿＿＿＿＿＿＿＿＿＿＿＿。

B 「～と言います」の使い方をれんしゅうしましょう。

1. 「きのうの夜」のことを「ゆうべ」と言います。
2. 24時間開いていて、いろいろな商品が売られているべんりな店を「コンビニ」と言う。
3. ＿＿＿＿＿＿＿＿＿＿＿＿＿＿＿＿＿＿＿＿＿＿＿＿＿＿＿＿＿＿＿＿＿＿。

C 「～ため」の使い方をれんしゅうしましょう。

1. 家族のために、父と母はいっしょうけんめいに働いています。
2. 外国の大学へ行くために、姉は毎日何時間も勉強している。
3. ＿＿＿＿＿＿＿＿＿＿＿＿＿＿＿＿＿＿＿＿＿＿＿＿＿＿＿＿＿＿＿＿＿＿。

D 「オノマトペ」の使い方をれんしゅうしましょう。

1. 私はやわらかい、ふわふわしたベッドより少しかたいベッドのほうが好きです。
2. きのううちへ帰るときね、空がピカッて光って、かみなりがゴロゴロッてなったから、急いで駅まで走ったんだ。
3. ＿＿＿＿＿＿＿＿＿＿＿＿＿＿＿＿＿＿＿＿＿＿＿＿＿＿＿＿＿＿＿＿＿＿。

聞きましょう

同じクラスのりゅうがくせい、スミカさんとドクさんが話しています。メモをとりながら二人の会話を聞いて、質問に答えましょう。

〈質問〉

a～dの中から会話と合っているものをえらんで、書きましょう。

1.（　　　　）　2.（　　　　）

音読しましょう

A　つぎの文は、〈聞きましょう〉の会話を説明した文です。この文を読んで、質問に答えましょう。

スミカさんは、おなじクラスのドクさんがあさきょうしつにきたとき、そのようすをみて、おどろいて、どうしたのかとたずねました。ドクさんは、きのうえきのかいだんで、うしろからきたひとにおされて、かいだんのしたまでおちてしまったそうです。ドクさんをおしたひとは、はしってどこかへいってしまいました。ドクさんは、びょういんのおかねはたかいし、あるけるからだいじょうぶだとおもって、びょういんにいきませんでした。それをきいて、スミカさんは、びょういんのおかねはあとからかえしてもらえるとおしえました。ドクさんはじゅぎょうのまえに、じむしつへいって、そうだんしようとおもっています。

〈質問〉

1. スミカさんは、どうしてドクさんにどうしたのかとたずねたのですか。
2. ドクさんは、どうしてえきのかいだんからおちたのですか。
3. ドクさんは、どうしてびょういんにいかなかったのですか。
4. スミカさんは、ドクさんにどんなことをおしえましたか。
5. ドクさんは、このあと、なにをしますか。

Ⓑ ひらがなとカタカナで書かれたⒶの文を、ひらがな・カタカナ・漢字でもう一度書きましょう。

____

____

____

____

____

わいわい話しましょう

ペアかグループになって、Ⓐ、Ⓑについて話しましょう。

Ⓐ 絵の中の人は何をしていますか。絵の場面を、オノマトペを使って説明しましょう。

1.

2.

3.

Ⓑ さいきん見たり聞いたりしたことを、オノマトペを三つ以上使って説明しましょう。

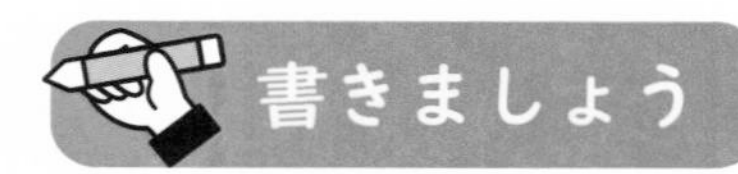

書きましょう

見たり聞いたりしたことを説明する文を、オノマトペを使って300字ぐらいで書きましょう。

漢字のれんしゅうをしましょう

Aは新しい漢字、Bは新しい読み方です。漢字の言葉を読んだり、書いたりして覚えましょう。＊の語は意味を調べ、（　　）の語は読み方をふくしゅうしましょう。

A	漢字	言葉	
	表	表す（あらわ）	
	状	状態（じょうたい）	
	態	状態（じょうたい）	態度（たいど）*
	葉	言葉（ことば）	葉（は）　葉っぱ（は）*
	活	生活（せいかつ）	活動（かつどう）*
	面	場面（ばめん）	面（めん）*　一面（いちめん）*　洗面所（せんめんじょ）*
	商	商品（しょうひん）	商業（しょうぎょう）*　商売（しょうばい）*
	感	感じ（かん）	感じる（かん）
	伝	伝わる（つた）	伝える（つた）　手伝う（てつだ）
	覚	覚える（おぼ）	
B	**漢字**	**言葉**	
	作	動作（どうさ）	作業（さぎょう）*　（作文（さくぶん））
	言	言葉（ことば）	（言う（い））

第2課　昼ご飯

この課で学ぶこと

食事のし方やよく食べる物について説明しましょう。

覚えましょう

職場	手作り	おかず	つめる
ふた	わくわくスル	食材	えいよう
バランス	カロリー	地域	特色
文字	えがく	組み合わせ［←組み合わせる］	
愛情	つまる	かこむ	分け合う
輪			

いっしょに考えましょう

1.　このおべんとうには何が入っていますか。

2.　どんな食べ物が好きですか。きらいな食べ物がありますか。

3.　昼ご飯はだれと、どこで食べますか。

「おべんとうに何入れる？」

昼ご飯と言えば、おべんとうです。学校でも職場でも、多くの人がおべんとうを食べます。学生は家族の手作り、働く人たちは自分で作ったり、近くで買ったりして、周りの人たちといっしょに食べます。おべんとうの小さいはこの中には、ご飯やおかずがきれいにつめてあって、ふたを開けるとき、わくわくします。

スーパーやコンビニのおべんとう売り場には、きせつの食材を使った物、えいようのバランスやカロリーを考えた物などがならんでいますし、駅では地域の食材を使った特色のある物が売られています。また、手作りのおべんとうは、動物の形をしたおかずが入っていたり、ごはんの上に絵や文字がえがかれていたりして楽しいです。作る人は、味はもちろん、好きな物やきらいな物、けんこうにいい物、おかずの組み合わせやつめ方など、どうすれば食べる人によろこんでもらえるか考えて作ります。おべんとうには愛情がたくさんつまっているのです。

昼休みには、おべんとうをかこんで周りの人とおかずを分け合ったり、味や作り方についておしゃべりしたりしながら、にぎやかに食べるようすが見られます。その輪の中に入って、ぜひ「おべんとう」を楽しみましょう。

答えましょう

1. おべんとうのふたを開けるとき、わくわくするのはどうしてですか。
2. スーパーやコンビニにはどんなおべんとうがありますか。
3. 手作りのおべんとうにはどんな物がありますか。
4. 作る人はどんなことを考えて、おべんとうを作りますか。
5. 昼休みにはどんなようすが見られますか。

使いましょう

A 「～と言えば」の使い方をれんしゅうしましょう。

1. 日本の食べ物と言えば、天ぷらが有名です。
2. 外国の生活でたいへんなことと言えば、自分の国の食材がなかなか買えないことだろう。
3. ＿＿＿＿＿＿＿＿＿＿＿＿＿＿＿＿＿＿＿＿。

B 人・場所・物などを説明する言い方をれんしゅうしましょう。

1. これは姉が作ってくれたおべんとうです。
2. 山田さんと話している人は川村さんだ。
3. ＿＿＿＿＿＿＿＿＿＿＿＿＿＿＿＿＿＿＿＿。

C 「～てあります・～ています」の使い方をれんしゅうしましょう。

a.「～てあります」

1. きょうは暑いので、朝からエアコンがつけてあります。
2. おべんとうの小さいはこの中には、いろいろなおかずがきれいにつめてある。
3. ＿＿＿＿＿＿＿＿＿＿＿＿＿＿＿＿＿＿＿＿。

b.「～ています」

1. 駅で売られているおべんとうには、その地域の食材がつめられています。
2. おべんとうには作った人の愛情がつまっている。
3. ＿＿＿＿＿＿＿＿＿＿＿＿＿＿＿＿＿＿＿＿。

D 「〜ば」の使い方をれんしゅうしましょう。

1. A：日本語がじょうずになるためにはどうすればいいでしょうか。
   B：いろいろな人と話してみればいいと思います。
2. 店に電話しなくても、店のホームページを見れば、よやくができる。
3. ＿＿＿＿＿＿＿＿＿＿＿＿＿＿＿＿＿＿＿＿＿＿＿＿＿＿。

聞きましょう

大学生のりかさんは、お母さんとおべんとうを作っています。メモをとりながら二人の会話を聞いて、質問に答えましょう。

〈質問〉

a〜dの中から会話と合っているものをえらんで、書きましょう。

1. （　　　　　）　2.（　　　　　）

音読しましょう

A つぎの文は、〈聞きましょう〉の会話を説明した文です。この文を読んで、質問に答えましょう。

だいがくせいのりかさんは、おかあさんにおべんとうのつめかたをおしえてもらっています。きのうのおかずのたまごとりのりょうりをつめて、おかあさんにみせましたが、おかあさんはいろがたりないとおもいました。おべんとうにあか、きいろ、みどりのいろがはいっていると、おいしそうにみえるそうです。りかさんはしんごうのようだとおもいましたが、おかあさんにいわれて、みどりのレタスやあかいトマトをいれました。りかさんは、それでおかあさんはにわでトマトをつくっているんだとおもいました。りかさんのおべんとうには、いつもトマトがはいっています。

〈質問〉

1. りかさんはなにをしていますか。
2. きのうのおかずはなんでしたか。
3. おかあさんは、りかさんがつめたおべんとうをみて、どうおもいましたか。
4. それはどうしてですか。
5. りかさんは、おかあさんがにわでトマトをつくるのはどうしてだとおもいましたか。

B ひらがなとカタカナで書かれたAの文を、ひらがな・カタカナ・漢字でもう一度書きましょう。

わいわい話しましょう

ペアかグループになって、A、Bについて話しましょう。

A 食べ物の写真を見せて、説明しましょう。

1. その写真はいつ、どこで、とりましたか。

2. それはどんな食べ物ですか。

B 自分のそだった地域の昼ご飯のようすについてインタビューしましょう。

1. インタビューをするときの質問を考えましょう。
れい：昼ご飯のとき、よく食べる物は、どんな物ですか。
だれと、どのように食べますか。

2. ほかのペアかグループの人にインタビューしましょう。

3. インタビューの答えをみんなに伝えましょう。

書きましょう

自分のそだった地域の昼ご飯のようすについて、300字ぐらいで文を書きましょう。

漢字のれんしゅうをしましょう

Aは新しい漢字、Bは新しい読み方です。漢字の言葉を読んだり、書いたりして覚えましょう。＊の語は意味を調べ、(　　)の語は読み方をふくしゅうしましょう。

A	漢字	言葉	
	職	職場（しょくば）	職業（しょくぎょう）＊　休職（きゅうしょく）＊　職員（しょくいん）＊
	周	周り（まわり）	
	材	食材（しょくざい）	教材（きょうざい）＊　材料（ざいりょう）＊L10
	域	地域（ちいき）	区域（くいき）＊
	形	形（かたち）	
	絵	絵（え）	絵本（えほん）＊
	組	組み合わせ（くみあわせ）	組み立てる（くみたてる）　仕組み（しくみ）＊
	愛	愛情（あいじょう）	愛（あい）＊　愛犬（あいけん）＊　愛車（あいしゃ）＊　愛読書（あいどくしょ）＊
	情	愛情（あいじょう）	感情（かんじょう）＊　人情（にんじょう）＊　友情（ゆうじょう）＊
	輪	輪（わ）	
B	**漢字**	**言葉**	
	色	特色（とくしょく）	(色（いろ）)
	文	文字（もじ）	絵文字（えもじ）＊L8　(作文（さくぶん）)

第3課　春・夏・秋・冬

この課(か)で学(まな)ぶこと

・自分がそだった地域のきせつについて説明しましょう。
・きせつの思い出についてしょうかいしましょう。

覚えましょう

かわす	（3か月(げつ)）ごと ニ	気温(きおん)	変化(へんか) スル
体調(たいちょう)	（体調(たいちょう)を）くずす	お互(たが)い ニ	気(き)づかう
すごす	自然(しぜん) ナ・ニ	すがた	～まま
め	行事(ぎょうじ)	習慣(しゅうかん)	ひなまつり
花見(はなみ)	ぼんおどり	したしい	

いっしょに考えましょう

1.　好きなきせつはいつですか。

2.　夏と言えば、どんなことを思い出しますか。

3.　冬と言えば、どんなことを思い出しますか。

「きせつを楽しむ」

「おはようございます。けさは寒いですね」

「こんにちは。きょうはいい天気ですね」

毎朝、毎日こんなあいさつをかわします。春、夏、秋、冬の四つのきせつは、３か月ごとに変わります。そして、きせつときせつの間は天気や気温が変わりやすいので、その変化の中で体調をくずしていないか、お互いに気づかいながらすごします。

きせつがすぎるのは早く、その中で自然のすがたも変わっていきます。空の色も、木も花も、いつまでも同じすがたのままではないのです。土の中から小さなめが出た、風があたたかくなってきた、セミがなき始めた、木の葉がおちたなど、自然の中の小さな変化を見つけて、そのきせつを楽しみます。

また、きせつごとに行事や生活習慣があります。春はひなまつりや花見、夏はぼんおどりや花火大会、秋はおまつり、冬はお正月でしょうか。そのときは、行事を楽しみながら、むかし家族や友だちとすごした大切な時間を思い出します。そして、「来年の今ごろはどうしているかなあ」と、次にそのきせつをむかえるときのことを考えてみたりします。

きせつの楽しみ方はいろいろあります。毎日の生活の中できせつを感じて、すぎていく時間を思いながら、家族や友だちなど、したしい人たちといい思い出を作りましょう。

答えましょう

1. お互いに何を気づかって、あいさつをするのですか。
2. 「自然の中の小さな変化」は、たとえば、どんなことですか。
3. きせつごとにどんな行事がありますか。
4. 行事を楽しみながら、どんなことを思い出しますか。
5. この文に書かれている「きせつの楽しみ方」は、どんなことでしょうか。

使いましょう

A 「〜か・〜かどうか」の使い方をれんしゅうしましょう。

1. 来週何曜日にテストがあるか友だちに聞きました。
2. チンさんは毎日おべんとうを作っているが、料理が好きかどうかはわからない。
3. ＿＿＿＿＿＿＿＿＿＿＿＿＿＿＿＿＿＿＿＿。

B 「〜ていきます」の使い方をれんしゅうしましょう。

a. 場所

1. 父にしかられて、妹はなきながらへやを出ていきました。
2. 兄は急いで家を出たので、おべんとうをわすれていった。
3. ＿＿＿＿＿＿＿＿＿＿＿＿＿＿＿＿＿＿＿＿。

b. 時間

1. 国へ帰っても、日本語の勉強はつづけていくつもりです。
2. 電気を使って走る車は、これからふえていくだろう。
3. ＿＿＿＿＿＿＿＿＿＿＿＿＿＿＿＿＿＿＿＿。

C 「〜まま」の使い方をれんしゅうしましょう。

1. おばあさんが作ってくれた料理は、むかしのままの味でした。
2. とてもつかれていて、テレビをつけたまま、ねてしまった。
3. ＿＿＿＿＿＿＿＿＿＿＿＿＿＿＿＿＿＿＿＿。

D 「～てきます」の使い方をれんしゅうしましょう。

a. 場所

1. 友だちが、手作りのおかしを持ってきてくれました。
2. 新しいゲームを買った弟は、学校が終わると急いで家に帰ってきた。
3. ____。

b. 時間

1. やせるために、1年前から毎朝ジョギングをつづけてきましたが、なかなかやせません。
2. 暗くなってきたので、早く家へ帰ろう。
3. ____。

聞きましょう

大学生のゆうかさんとあんりさんが話しています。メモをとりながら二人の会話を聞いて、質問に答えましょう。

〈質問〉

a～dの中から会話と合っているものをえらんで、書きましょう。

1. (　　　　　)　2. (　　　　　)

音読しましょう

A 次の文は、〈聞きましょう〉の会話を説明した文です。この文を読んで、質問に答えましょう。

だいがくせいのゆうかさんとあんりさんは、なつやすみのよていについてはなしています。ゆうかさんは、あんりさんをはなびたいかいにさそいましたが、あんりさんは、いままでいったことがないそうです。それは、なつやすみにまいとしおばあさんがすむほっかいどうへいっていたからです。ほっかいどうでは、ほしがとてもきれいなので、あんりさんは、よくおばあさんといっしょにほしをみました。あんりさんは、おばあさんがなくなってから、なんねんもほっかいどうへいっていません。それで、ことしのなつやすみは、ゆうかさんとふたりでほっかいどうへいくやくそくをしました。そして、ほっかいどうではなびをみようとおもっています。ふたりはこれからはなびたいかいやりょこうについてしらべるつもりです。

〈質問〉

1. ゆうかさんは、なつやすみになにがしたいとおもっていましたか。
2. あんりさんは、どうしてはなびたいかいへいったことがないのですか。
3. あんりさんはほっかいどうで、なにをしましたか。
4. あんりさんは、どうしてほっかいどうへいかなくなりましたか。
5. ふたりはなつやすみになにをしますか。

B ひらがなとカタカナで書かれたAの文を、ひらがな・カタカナ・漢字でもう一度書きましょう。

わいわい話しましょう

ペアかグループになって、A、Bについて話しましょう。

A 日本、または、自分のそだった地域の行事や生活習慣を調べて、しょうかいしましょう。

1. 行事や生活習慣を一つえらびましょう。そして、いつ、どこで、どんなことが行われるか、調べましょう。
2. 調べたことを説明するための文を考えましょう。
3. ほかの人に、しょうかいしましょう。

B 自分の好きなきせつとその楽しみ方をしょうかいしましょう。

1. 好きなきせつはいつですか。
2. どうしてそのきせつが好きですか。
3. 好きなきせつを楽しむために、どんなことをしますか。

書きましょう

好きなきせつとそのきせつの楽しみ方について、300字ぐらいで文を書きましょう。

漢字のれんしゅうをしましょう

Aは新しい漢字、Bは新しい読み方です。漢字の言葉を読んだり、書いたりして、覚えましょう。＊の語は意味を調べ、（　　）の語は読み方をふくしゅうしましょう。

A	漢字	言葉	
	変	変(か)わる	変(か)える
	温	気温(きおん)	温度(おんど)　温室(おんしつ)＊
	化	変化(へんか)	化学(かがく)＊
	互	お互(たが)い	
	然	自然(しぜん)	同然(どうぜん)＊
	慣	習慣(しゅうかん)	慣習(かんしゅう)＊
	次	次(つぎ)	次々(つぎつぎ)と＊

B	漢字	言葉	
	変	変化(へんか)	大変(たいへん)　（変(か)える）
	調	体調(たいちょう)	調子(ちょうし)＊　（調(しら)べる）
	自	自然(しぜん)	（自分(じぶん)）　（自動車(じどうしゃ)）
	行	行事(ぎょうじ)	行(ぎょう)＊　（行(い)く）　（銀行(ぎんこう)）　（行(おこな)う）
	習	習慣(しゅうかん)	学習(がくしゅう)＊L4　（習(なら)う）

第4課　外国語の学習

この課で学ぶこと

外国語を学ぶ理由や学習のし方について説明しましょう。

覚えましょう

言語	じっさい ニ	学ぶ	やりとり スル
(仕事に)つく	異文化	じまく	～なしで
学習 スル	音声	入力 スル	自動
(ほんやく)機	さまざま ナ・ニ	努力 スル	やる気

いっしょに考えましょう

1. 外国語がいくつ話せますか。

2. 毎日何時間ぐらい日本語を勉強しますか。どうやって勉強しますか。

3. 自動ほんやく機を使ったことがありますか。どんなときにべんりだと思いますか。

「外国語を学ぶ理由」

世界には7,000ほどの言語があるそうですが、じっさいに使われているのはその半分ぐらいです。そして、外国語を学ぶ人もおおぜいいます。その理由は、いろいろあります。一つは仕事のためです。相手とのやりとりに必要だから、または、外国語ができると、いい仕事につけるからという理由です。もう一つの理由は、異文化にきょうみがあるからです。たとえば、外国の映画やアニメをじまくなしで見られるようになりたいなど、異文化を楽しみたいと思って外国語の学習を始めるそうです。

しかし、今は音声で入力できる自動ほんやく機があり、さまざまな言語にほんやくができます。そして、ほんやく機はもっとよくなっていくでしょう。外国語の学習には時間もお金も必要だし、大変な努力をして練習しなければ、じょうずになりません。外国語の学習は、ほんとうに必要でしょうか。

自動ほんやく機にもできることとできないことがあるでしょう。じっさいの人と人とのやりとりとはちがうのではないでしょうか。また、外国語の学習によって、私たちは言葉以外にもたくさんのことを学びます。そんなことを考えてみると、大変な外国語の学習ももっとやる気が出てくるかもしれません。

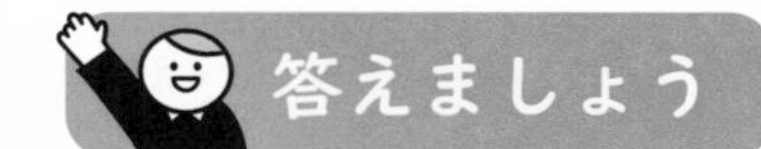

答えましょう

1. 世界でじっさいに使われている言語はいくつぐらいですか。
2. 仕事で外国語が必要になるのはどんなときですか。
3. 仕事のほかに、外国語を学ぶ理由は何ですか。
4. 自動ほんやく機でどんなことができますか。
5. 外国語の学習には、何が必要ですか。

使いましょう

A 「～と」の使い方を練習しましょう。

1. 自動ほんやく機を使うと、いろいろな言葉がかんたんにほんやくできます。
2. 姉は、「最後にしおを少し入れると、料理の味がよくなる」と教えてくれた。
3. ______________________________。

B 「～という～」の使い方を練習しましょう。

1. 友だちから電車が止まって映画の時間におくれるというメールが来ました。
2. もう少し自由を楽しみたいという理由で、兄はまだけっこんしないそうだ。
3. ______________________________。

C 「～ようになる／～なくなる」の使い方を練習しましょう。

a. ～ようになる

1. 1年ぐらい日本に住んで、日本語でかんたんな会話ができるようになりました。
2. 私はもっとおいしい料理が作れるようになりたい。
3. ______________________________。

b. ～なくなる

1. 目が悪くなって、小さい字が読めなくなりました。
2. アルバイトを始めていそがしくなったから、あまり友だちに会えなくなった。
3. ______________________________。

D 「～によって」の使い方を練習しましょう。

1. 外国での生活によって、その国の文化を知ることができます。
2. 毎日、日本語で文を書くことによって、少しずつ漢字を覚えた。
3. ______________________________。

聞きましょう

同じクラスのりゅうがくせい、キムさんとアンさんが話しています。メモをとりながら二人の会話を聞いて、質問に答えましょう。

〈質問〉

a ～ d の中から会話と合っているものをえらんで、書きましょう。

1.（　　　　　）　2.（　　　　　）

音読しましょう

A 次の文は、〈聞きましょう〉の会話を説明した文です。この文を読んで、質問に答えましょう。

キムさんとアンさんはおなじクラスでにほんごをべんきょうしています。アンさんはにほんごのテストではきくのがむずかしいとおもっています。キムさんはきけるようになるためのれんしゅうのしかたをふたつおしえてくれました。ひとつはえいがやドラマをみることです。まいにちみていると、だんだんなれてくるといっています。そして、アンさんはまんががすきなので、まんがからつくられたえいがをみたらいいとおしえてくれました。もうひとつはひととはなすことです。キムさんはアルバイトでいっしょにはたらくともだちといろいろなはなしをします。そして、がっこうではおしえてもらえないようなことをまなびます。キムさんはしけんのためのべんきょうよりえいがをみたりひととはなしたりするほうがたのしいし、いろいろなせいかつのしかたやかんがえかたがわかるといっています。アンさんもキムさんのようにやってみようとおもいました。そのために、まずアルバイトをさがすつもりです。

〈質問〉

1. キムさんがアンさんにおしえたきけるようになるためのれんしゅうは、どんなことですか。
2. キムさんはアンさんにどんなえいがをみたらいいとおしえましたか。
3. キムさんはアルバイトのともだちとはなして、どんなことをまなびますか。
4. ひととはなすことがしけんのためのべんきょうよりいいのはどうしてですか。
5. アンさんはキムさんのはなしをきいて、なにをしようとおもっていますか。

B ひらがなとカタカナで書かれたAの文を、ひらがな・カタカナ・漢字でもう一度書きましょう。

____

____

____

____

____

____

わいわい話しましょう

ペアかグループになって、日本語学習についてインタビューしましょう。

1. ①～⑧の中から質問したいことを一つえらびましょう。ほかのペア、またはグループと同じ質問にならないほうがいいでしょう。
   ①日本語を学習する理由
   ②一日の学習時間とどの時間に学習するか（朝、夜、じゅぎょうの後など）
   ③「読む」「書く」「聞く」「話す」の中で、いちばんよくできること
   ④「読む」「書く」「聞く」「話す」の中で、できないこと
   ⑤今までやってみた学習のし方で、よかったこと
   ⑥日本語を勉強してよかったと思ったこと
   ⑦外国語学習によって、学べること
   ⑧言葉を使って、これからできるようになりたいこと

2. 一つの質問をたくさんの人にしましょう。

3. 聞いたことをほかの人に説明しましょう。

書きましょう

外国語学習の理由について、300 字ぐらいで文を書きましょう。

漢字の練習をしましょう

Aは新しい漢字、Bは新しい読み方です。漢字の言葉を読んだり、書いたりして、覚えましょう。＊の語は意味を調べ、（　　）の語は読み方をふくしゅうしましょう。

	漢字	言葉	
A	由	理由	自由
	相	相手	
	必	必要	
	要	必要	重要＊
	異	異文化	異国＊　異質＊
	機	ほんやく機	機会
	努	努力	
	練	練習	
B	漢字	言葉	
	学	学ぶ	（学生）（学校）
	言	言語	（言う）（言葉）
	声	音声	（声）
	力	入力	日本語力＊　語学力＊　（力）

第5課　私のお気に入り

この課(か)で学ぶこと

毎日の生活の中で、よく使う物の色や形や使い方などを説明しましょう。

覚えましょう

ぶんぼう具(ぐ)	人気(にんき)	品質(ひんしつ)	機能(きのう)スル
(機能(きのう))性(せい)	デザイン	点(てん)	インク
もれる	かたまる	やぶれる	刃(は)
おる	しかも	消(け)しくず	まとまる
取(と)り出(だ)す	アイデア	さらに	
お気(き)に入(い)り［←気(き)に入(い)る］		つい	手(て)に取(と)る
おしゃれナ・ニ			

いっしょに考えましょう

1. かばんの中にある物は何ですか。物の名前をできるだけたくさん言ってみましょう。

2. ペンケースの中にある物は何ですか。物の名前をできるだけたくさん言ってみましょう。

3. へやの中にある物は何ですか。物の名前をできるだけたくさん言ってみましょう。

「ぶんぼう具」

日本のぶんぼう具は、外国でも人気があります。日本に来た外国人がおみやげに買って帰ることも多いそうです。その理由は、品質がいいこと、機能性が高いこと、色やデザインがいろいろあることでしょう。

まず、品質の点では、たとえば、ボールペンは書きやすくて、インクがもれたり、かたまったりすることはないし、ノートは紙がうすくてやわらかいけれども、じょうぶで、簡単にやぶれることはありません。

それから、機能性の点では、切れなくなった刃を少しずつおって、長く使うことができるカッターナイフや、力を入れずに字が消せて、しかも、消しくずがまとまってゴミが出にくい消しゴム、つくえの上に立てることができ、中の物が見やすく取り出しやすいペンケースなど、アイデアがつまった商品がたくさんあります。

さらに、色やデザインが多く、大人から子どもまで自分の好きな物が選べます。店に行って、たくさんの商品の中からお気に入りをさがすのは楽しいことです。つい、時間を忘れて、一つ一つの商品を手に取ってしまいます。毎日使う物だから、自分の気に入った物がいいですね。便利でおしゃれなぶんぼう具があると、勉強や仕事がもっと進むでしょう。

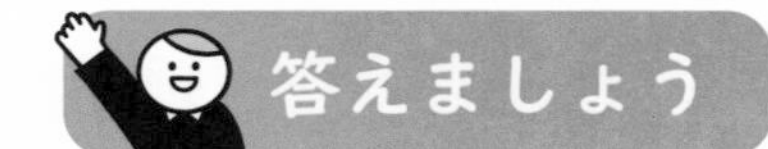

答えましょう

1. 日本のぶんぼう具が外国で人気があるのはどうしてですか。
2. 品質がいいと言われる物には、どんな物がありますか。
3. 機能性が高いと言われるカッターナイフは、どんな物ですか。
4. 機能性が高いと言われる消しゴムは、どんな点がいいですか。
5. ぶんぼう具の店で時間を忘れてしまうのはどうしてですか。

使いましょう

A 「～点では、～」の使い方を練習しましょう。

1. 品質の点では、この会社の商品がいちばんいいと思います。
2. このスーツケースは、ねだんの点ではいいが、色があまり好きではない。
3. ＿＿＿＿＿＿＿＿＿＿＿＿＿＿＿＿＿＿＿＿。

B 「～ことはない」の使い方を練習しましょう。

a. じっさいには起こらない

1. この家はじょうぶで、じしんが来てもたおれることはありません。
2. ロボットは、人とちがって、おなかがすくこともないし、つかれることもない。
3. ＿＿＿＿＿＿＿＿＿＿＿＿＿＿＿＿＿＿＿＿。

b. しなくてもいい

1. 親切に教えてあげたのに、おこることはないでしょう。
2. これは山田さんの仕事だから、田中さんがやることはないと思う。
3. ＿＿＿＿＿＿＿＿＿＿＿＿＿＿＿＿＿＿＿＿。

C 「～ずに」の使い方を練習しましょう。

1. コーヒーを飲むときは、ミルクもさとうも入れずに飲みます。
2. 試験の前なので、きょうはアルバイトをせずに、図書館へ行くつもりだ。
3. ＿＿＿＿＿＿＿＿＿＿＿＿＿＿＿＿＿＿＿＿。

D 二つ以上の形容詞(けいようし)・動詞(どうし)を一つの文の中で使う練習をしましょう。

1. 木で作られた家は、夏はすずしく、冬はあたたかいです。
2. このボールペンは、１本で四つの色が使え、シャープペンシルもついていて、とても便利だ。
3. ＿＿＿＿＿＿＿＿＿＿＿＿＿＿＿＿＿＿＿＿＿＿＿＿＿＿＿＿＿＿。

聞きましょう

同じクラスのりゅうがくせい、リンさんとチャンさんが話しています。メモを取りながら二人の会話を聞いて、質問に答えましょう。

〈質問〉

a～dの中から会話と合っているものを選んで、書きましょう。

1. （　　　　　）　2. （　　　　　）

音読しましょう

A 次の文は、〈聞きましょう〉の会話を説明した文です。この文を読んで、質問に答えましょう。

リンさんとチャンさんはおなじクラスでにほんごをべんきょうしています。リンさんはチャンさんがもっているうさぎのペンケースをみて、かわいいとおもいました。チャンさんのせつめいによると、このペンケースはさいふのようにつかってもいいし、けいたいでんわをいれるケースにしてもいいそうです。そして、ひもをつけて、かばんのようにつかうこともできるそうです。リンさんは、チャンさんがもっているペンケースがきにいって、じぶんもほしいとおもいました。リンさんはちょうどけいたいでんわをいれるケースをさがしていたそうです。それで、チャンさんはこのペンケースをかったえきのなかのぶんぼうぐやにリンさんをさそいました。ふたりはぶんぼうぐをみるのがすきなので、いっしょにいくやくそくをしました。

〈質問〉

1. チャンさんのペンケースは、どんなかたちですか。
2. このペンケースはどのようにつかうことができますか。
3. チャンさんはどこでこのペンケースをかいましたか。
4. リンさんはどうしてチャンさんがもっているペンケースがほしいとおもったのですか。
5. ふたりはどんなやくそくをしましたか。

B ひらがなとカタカナで書かれたAの文を、ひらがな・カタカナ・漢字でもう一度書きましょう。

わいわい話しましょう

ペアかグループになって、A、Bについて話しましょう。

A 新しい商品のアイデアを考えましょう。

1. 「こんな商品があったら買いたい」と思う商品を考えましょう。

2. 絵にかいて、使い方や便利な機能などをほかの人に説明しましょう。

B お気に入りの物について、説明しましょう。

1. 今自分が持っている物の中で、いちばん気に入っている物について、説明しましょう。

   れい：それは何ですか。
   色や形はどうですか。
   それを使って、どんなことをしますか。

2. どうしてそれが気に入っていますか。

書きましょう

お気に入りの物について、形や色、機能などを説明する文を300字ぐらいで書きましょう。

Aは新しい漢字、Bは新しい読み方です。漢字の言葉を読んだり、書いたりして覚えましょう。＊の語は意味を調べ、（　　）の語は読み方をふくしゅうしましょう。

A 漢字	言葉	
具	ぶんぼう具（ぐ）	道具（どうぐ）　具（ぐ）＊
能	機能（きのう）	能力（のうりょく）＊
性	機能性（きのうせい）	性能（せいのう）＊　性別（せいべつ）＊
簡	簡単（かんたん）	
単	簡単（かんたん）	
刃	刃（は）	刃物（はもの）＊
消	消（け）しくず	消（け）す
取	取（と）り出（だ）す	取（と）る　やり取（と）り
選	選（えら）ぶ	
忘	忘（わす）れる	
利	便利（べんり）	利用（りよう）　利点（りてん）＊

B 漢字	言葉	
大人	大人（おとな）	

第6課　ストレス

この課で学ぶこと

・生活の中でストレスを感じることを伝えましょう。
・気分を変えるためにしていることを伝えましょう。

覚えましょう

ストレス	たまる	ためる	原因
方法	解消スル	アンケート	調査スル
結果	もっとも	ぐっすり	しっかり(と)スル
睡眠	(睡眠を)取る	年代	(年代)別ニ
(20)代	リラックススル	ただ	あまりに(も)
しっぱいスル	せい	むりナ・ニ	

いっしょに考えましょう

今の体調はどうですか。下の文の中から「そうだ」と思うことを選んでみましょう。

□眠る時間が少ない
□あまり運動をしていない
□食事をしなかったり、好きな物だけ選んで食べたりする
□いつも勉強や仕事のことを考えている
□今やっていることに意味がないと感じることが多い
□だれかにそうだんすることがあまりない
□毎日一人で食事をしている
□しゅみがない

◇0～3：体調はよさそうです。
◇4～6：体調に気をつけましょう。
◇7～8：少し休んだほうがいいでしょう。

「たまったストレス、どうしていますか」

毎日の生活の中で、ストレスをためる人が多いです。その原因はいろいろ考えられますが、ストレスがたまると、健康にもよくありません。会社員1,000人に、たまったストレスをどんな方法で解消しているのかについてたずねたアンケート調査があります。

その結果、もっとも多かった答えは「ぐっすり眠る」で、31.9%の人がそう答えました。次に多かった答えは「おいしい物を食べる」で、28.1%でした。そして、23.5%の人が「旅行する」と答えました。しっかり睡眠を取ることやおいしい物を食べることで、ストレスを解消している人が多いことがわかりました。年代別に見てみると、20代は「音楽を聞く」や「カラオケに行く」と答えた人が、ほかの年代より多いことがわかりました。音楽がリラックスするのにやくに立っているのです。

ただ、ストレスがあまりに多いため、つい食べすぎたり、飲みすぎたりして、ちょっとしっぱいしてしまう人もいるようです。たまりすぎたストレスのせいで、ついやってしまったことは何かについても、同じアンケートで調査しています。その結果によると、食べすぎてしまった人は27.9%、おさけを飲みすぎてしまった人は21.9%いました。また、19.8%の人がお金を使いすぎてしまったと答えています。むりをせず、自分に合ったやり方で、うまくストレスを解消しましょう。

答えましょう

1. これは何についてのアンケートですか。
2. ストレス解消の方法の中で、もっとも多い答えは何ですか。何パーセントの人が答えましたか。
3. 20代の人に多かった答えは何ですか。
4. ストレスのせいでしっぱいしたことの中で、もっとも多い答えは何ですか。
5. 次に多い答えは何ですか。

使いましょう

A 「あまりに（も）」の使い方を練習しましょう。

1. この問題はあまりにむずかしくて、クラスのだれもわかりませんでした。
2. テストがあまりにもしんぱいで、きのうはよく眠れなかった。
3. ＿＿＿＿＿＿＿＿＿＿＿＿＿＿＿＿＿＿＿＿。

B 「～ため」の使い方を練習しましょう。

1. 台風のため、ひこうきがとばなくなってしまいました。
2. スマホがこわれたため、しばらく友だちにれんらくできない。
3. ＿＿＿＿＿＿＿＿＿＿＿＿＿＿＿＿＿＿＿＿。

C 「～よう」の使い方を練習しましょう。

1. きのうの火事は、たばこが原因だったようです。
2. 友だちとの旅行がとても楽しかったようで、姉はずっとその話ばかりしている。
3. ＿＿＿＿＿＿＿＿＿＿＿＿＿＿＿＿＿＿＿＿。

D 「～せい」の使い方を練習しましょう。

a. ～せいで

1. 夜おそく帰ってきた弟のせいで、私まで父にしかられました。
2. かぜ薬を飲んだせいで、じゅぎょう中に眠くなってしまった。
3. ＿＿＿＿＿＿＿＿＿＿＿＿＿＿＿＿＿＿＿＿。

b. ～せいにする

1. 妹は、「どうして起こしてくれなかったの」とおこって、朝ねぼうしたのを私のせいにしました。
2. 自分のしっぱいを人のせいにするのは、よくないことだ。
3. ＿＿＿＿＿＿＿＿＿＿＿＿＿＿＿＿＿＿＿＿＿＿＿＿＿＿＿＿＿＿。

聞きましょう

同じ職場で働く田中さんと上野さんが話しています。メモを取りながら二人の会話を聞いて、質問に答えましょう。

〈質問〉

a～dの中から会話と合っているものを選んで、書きましょう。

1. （　　　　　）　2. （　　　　　）

音読しましょう

A 次の文は、〈聞きましょう〉の会話を説明した文です。この文を読んで、質問に答えましょう。

おなじしょくばではたらくたなかさんとうえのさんがストレスについてはなしています。たなかさんは、さいきんいそがしくて、りょこうにいけないから、ストレスがたまるといっています。うえのさんはじぶんのともだちのはなしをして、りょうりがストレスのかいしょうにいいといいました。やさいをいっしょうけんめいきっていると、ほかのことはかんがえなくなるからです。わたしたちはいつもなにかをかんがえているから、すこしでもなにもかんがえないで、あたまをやすませるじかんをつくると、ストレスかいしょうになるそうです。たなかさんはりょうりがすきではないようですが、きょうからやってみるといっています。

〈質問〉

1. たなかさんはどうしてストレスがたまっていますか。
2. うえのさんはたなかさんにどんなはなしをしましたか。
3. いっしょうけんめいやさいをきっていると、どうなりますか。
4. りょうりをつくることがどうしてストレスかいしょうにいいのですか。
5. たなかさんはきょうからなにをするといっていますか。

B ひらがなとカタカナで書かれたAの文を、ひらがな・カタカナ・漢字でもう一度書きましょう。

わいわい話しましょう

ペアかグループになって、ストレスについて話しましょう。

1. 今ストレスがたまっているかどうか話しましょう。

2. ストレスの原因は何か、話しましょう。

3. 1と2のストレスの話を聞いて、ストレスを解消するためのアドバイスをしましょう。

書きましょう

ストレス解消の方法について、300字ぐらいで文を書きましょう。

漢字の練習をしましょう

Aは新しい漢字、Bは新しい読み方です。漢字の言葉を読んだり、書いたりして覚えましょう。*の語は意味を調べ、（　　）の語は読み方をふくしゅうしましょう。

A	漢字	言葉	
	因	原因（げんいん）	死因（しいん）*
	健	健康（けんこう）	
	康	健康（けんこう）	
	法	方法（ほうほう）	法（ほう）*
	解	解消（かいしょう）	
	査	調査（ちょうさ）	
	結	結果（けっか）	
	果	結果（けっか）	因果（いんが）*
	眠	眠る（ねむる）	眠い（ねむい）　（睡眠（すいみん））
	睡	睡眠（すいみん）	

B	漢字	言葉	
	眠	睡眠（すいみん）	（眠る（ねむる））
	消	解消（かいしょう）	（消す（けす））

第7課　友だち

この課で学ぶこと

「友だち」とは何かについて、自分の考えを伝えましょう。そして、その理由も説明しましょう。

覚えましょう

知り合い［←知り合う］	仲間	親友	程度
目的	つらい	使い分ける	なやむ
耳にする	（この）場合	人数	週末
（そうだんに）乗る	それとも	もしかしたら	もとめる
期待スル	定義スル	それぞれ	わかり合う

いっしょに考えましょう

1. いちばん親しい友だちは、どんな人ですか。

2. さいきん、新しく友だちになった人がいますか。その人とどこで会いましたか。

3. 日本語で、「友だち」を意味する言葉をいろいろ考えてみましょう。

「友だちって何だろう」

だれにでも「友だち」とよべる人がいるでしょう。でも、それはどんな人のことでしょうか。日本語で「友だち」を意味する言葉はいろいろあります。たとえば、知り合い、仲間、親友などです。顔と名前を知っている程度なら「知り合い」、同じしゅみや目的のために集まるのは「仲間」、そして、楽しいときもつらいときも、長い間ずっと関係をつづけることができる相手を「親友」とよびます。親しさやいっしょにすごす目的などによって言葉を使い分けているのです。

また、「友だち」は多いほうがいいでしょうか。少なくてもいいでしょうか。よく「友だちができない、いない」と言って、なやむ声を耳にします。この場合も、友だちをどう考えるかによって、人数は変わるでしょう。友だちとは週末いっしょにあそんでくれる人のことでしょうか。何でもそうだんに乗ってくれる人、それとも、自分のことをよく理解してくれる人のことでしょうか。「友だちがいない」と思う人は、もしかしたら、相手に多くをもとめ、期待しすぎているのかもしれません。

「友だち」の定義は人それぞれです。たくさんの友だちにかこまれて、にぎやかに楽しくすごしたいと考える人もいれば、ほんとうにわかり合える大切な友だちとよい時間をすごしたいと考える人もいるでしょう。みなさんは「友だち」に何をもとめるでしょうか。

答えましょう

1. 日本語で「友だち」を意味する言葉にどんなものがありますか。
2. 「親友」とよぶのは、どんな友だちのことですか。
3. 「友だち」を意味する言葉はどうしていろいろあるのですか。
4. 友だちの人数は何によって変わると言っていますか。
5. 「友だちがいない」と思う人は、どうしてそう思うのでしょうか。

使いましょう

A 「〜とは／〜というのは、〜（の）ことだ」の使い方を練習しましょう。

1. 旅行とは、住んでいる場所とちがう、別の場所へ行くことです。
2. 「学ぶ」というのは、新しく知ったり、やってみたりしたことによって自分が変わるということだ。
3. ＿＿＿＿＿＿＿＿＿＿＿＿＿＿＿＿＿＿＿＿＿＿＿＿＿＿＿＿＿。

B 「〜場合」の使い方を練習しましょう。

1. 学校を休む場合は、１時間目のじゅぎょうが始まる前にれんらくしてください。
2. こうつうじこの場合は、すぐにけいさつをよんだほうがいい。
3. ＿＿＿＿＿＿＿＿＿＿＿＿＿＿＿＿＿＿＿＿＿＿＿＿＿＿＿＿＿。

C 「もしかしたら〜のかもしれない」の使い方を練習しましょう。

1. 電車が止まっています。もしかしたら、じこがあったのかもしれません。
2. さいふがない。もしかしたら、どこかで忘れたのかもしれない。
3. ＿＿＿＿＿＿＿＿＿＿＿＿＿＿＿＿＿＿＿＿＿＿＿＿＿＿＿＿＿。

D 「〜も〜ば、〜も〜」の使い方を練習しましょう。

1. コンビニには、いろいろな物があります。食べ物もあれば、本やざっしもあります。
2. ダンス教室には、いろいろな人が来ている。学生もいれば、会社員もいる。
3. ＿＿＿＿＿＿＿＿＿＿＿＿＿＿＿＿＿＿＿＿＿＿＿＿＿＿＿＿＿。

聞きましょう

同じクラスのりゅうがくせい、ジョジョさんとリリさんが話しています。メモを取りながら二人の会話を聞いて、質問に答えましょう。

〈質問〉

a～dの中から会話と合っているものを選んで、書きましょう。

1.（　　　　　）　2.（　　　　　）

音読しましょう

A 次の文は、〈聞きましょう〉の会話を説明した文です。この文を読んで、質問に答えましょう。

リリさんは、おなじクラスでべんきょうしているジョジョさんに、しゅうまつにすきなアイドルのコンサートをみにとうきょうへいったはなしをしました。とうきょうへはひとりでいきましたが、コンサートへは２かげつぐらいまえにSNSでしりあったともだちといっしょにいきました。ジョジョさんはそれをきいて、おどろいています。そして、SNSでしりあったひととあうのはこわくないか、リリさんにきいてみました。リリさんは、さいしょはしんぱいだったが、としもおなじぐらいだし、あってみて、まえよりしたしくなれたとはなしています。ジョジョさんは、そんなともだちのつくりかたもあるんだとおもいました。リリさんにジョジョさんもやってみたらいいといわれて、ジョジョさんはじっさいにあってともだちをつくりたいから、あしたのよる、ちかくのにほんごきょうしつにいくつもりだとこたえました。

〈質問〉

1. リリさんは、なにをしにとうきょうへいきましたか。
2. リリさんは、どうやってとうきょうのともだちとしりあいましたか。
3. ジョジョさんは、リリさんにどんなしつもんをしましたか。
4. リリさんは、ジョジョさんのしつもんにどうこたえましたか。
5. ジョジョさんは、どうやってともだちをつくりたいとおもっていますか。

B ひらがなとカタカナで書かれたAの文を、ひらがな・カタカナ・漢字でもう一度書きましょう。

わいわい話しましょう

ペアかグループになって、A、Bについて話しましょう。

A 「友だち」について、考えましょう。

1. ペアで「友だち」とは何か、その定義を考えましょう。
2. 二つのペア（四人のグループ）になって、「友だち」の定義について話し合いましょう。
3. ペアにもどって、さいしょに考えた定義をもう一度考えてみましょう。その後、ほかのグループの人にも伝えましょう。

B 「親友」のしょうかいをしましょう。

1. どんな人ですか。
2. いつ、どこで会いましたか。
3. どうしてその人と「親友」になりましたか。

書きましょう

「親友」についてしょうかいする文を 300 字ぐらいで書きましょう。

漢字の練習をしましょう

Aは新しい漢字、Bは新しい読み方です。漢字の言葉を読んだり、書いたりして、覚えましょう。*の語は意味を調べ、(　　)の語は読み方をふくしゅうしましょう。

A	漢字	言葉	
	仲	仲間(なかま)	仲(なか)*
	程	程度(ていど)	日程(にってい)*
	的	目的(もくてき)	社会的(しゃかいてき)*　具体的(ぐたいてき)*
	関	関係(かんけい)	関東(かんとう)*　関西(かんさい)*
	係	関係(かんけい)	
	末	週末(しゅうまつ)	月末(げつまつ)*　年末(ねんまつ)*
	乗	乗(の)る	乗(の)せる*
	期	期待(きたい)	学期(がっき)*　期末(きまつ)*　時期(じき)*
	定	定義(ていぎ)	定年(ていねん)*　定期(ていき)*　定食(ていしょく)*
	義	定義(ていぎ)	義理(ぎり)*

B	漢字	言葉	
	友	親友(しんゆう)	友人(ゆうじん)*L9　(友(とも)だち)
	目	目的(もくてき)	(目(め))
	親	親(した)しい	(親(おや))　(親友(しんゆう))
	数	人数(にんずう)	数字(すうじ)　(数(かず))
	待	期待(きたい)	(待(ま)つ)

第8課　コミュニケーション

この課（か）で学ぶこと

SNS やメッセージアプリを使って、やり取りをしましょう。

覚えましょう

コミュニケーション	対面（たいめん）スル	発達（はったつ）スル	手段（しゅだん）
通話（つうわ）スル	アプリ	代表（だいひょう）スル	一言（ひとこと）
共感（きょうかん）スル	情報（じょうほう）	ときには	ジェスチャー
表情（ひょうじょう）	絵文字（えもじ）	スタンプ	場（ば）
意識（いしき）スル	読（よ）み取（と）る	効果的（こうかてき）ナ・ニ	むだナ・ニ
めんどうナ			

いっしょに考えましょう

1.　SNS やメッセージアプリをよく使いますか。

2.　次の絵文字はどんなメッセージを送るときに使いますか。

3.　遠くに住んでいる人に連絡（れんらく）するとき、どのような手段（しゅだん）を使いますか。

「伝わるメッセージって？」

コミュニケーションと言えば、対面でのコミュニケーションと思う人が多いでしょう。しかし、インターネットが発達し、スマホが生まれ、それとともに人々のコミュニケーションの方法が変わったと言われています。今はコミュニケーションの手段として、電話、ビデオ通話、メール、SNSなどがあり、その中でも、スマホのSNSやメッセージアプリは、コミュニケーション手段の代表と言えるでしょう。

SNSやメッセージアプリを通してやり取りをしていると、「メッセージの伝え方がうまいなあ」と感じさせる人がいます。短く簡単な一言で、相手に共感したり、必要な情報を伝えたりします。ときには、ジェスチャーや表情の代わりに、絵文字やスタンプを使って、おもしろい返事をします。メッセージをじょうずに伝えるにはどんなことに気をつければいいでしょうか。

まず、メッセージのやり取りは、その場で話しているように、短い文で交わされます。ですから、文の長さや読みやすさを意識するといいでしょう。でも、文が短ければ、相手の気持ちや考えを読み取ることが難しくなるかもしれません。そこで、絵文字やスタンプを効果的に使うことが大切です。

SNSやメッセージアプリは、すぐに連絡でき、便利で簡単だからとよく使う人もいれば、むだなやり取りも多くて、めんどうだと言う人もいます。コミュニケーションの手段はいろいろありますから、相手や目的に合わせて、使い分けるといいでしょう。

答えましょう

1. 今はどんなコミュニケーションの方法がありますか。
2. メッセージの伝え方がじょうずな人はどんなメッセージを送りますか。
3. SNS やメッセージアプリではどんなメッセージがやり取りされますか。
4. 絵文字やスタンプはどのように使えばいいですか。
5. SNS やメッセージアプリのやり取りについて、どのように考える人がいますか。

使いましょう

A 「～とともに」の使い方を練習しましょう。

1. メッセージアプリを使う人がふえるとともに、メールを使う人が少なくなってきました。
2. ぎじゅつの発達とともに、私たちの生活も便利になった。
3. ＿＿＿＿＿＿＿＿＿＿＿＿＿＿＿＿＿＿＿＿＿＿＿＿＿＿。

B 「～として」の使い方を練習しましょう。

1. 私は 10 年前にりゅうがくせいとしてアメリカに行き、英語を勉強してから、今は会社員として働いています。
2. このおかしは東京のおみやげとして有名だ。
3. ＿＿＿＿＿＿＿＿＿＿＿＿＿＿＿＿＿＿＿＿＿＿＿＿＿＿。

C 「～を通して」の使い方を練習しましょう。

1. 私はアメリカのドラマを通して英語を勉強しました。
2. 今は外国に行かなくても、SNS を通して外国人の友だちを作ることができる。
3. ＿＿＿＿＿＿＿＿＿＿＿＿＿＿＿＿＿＿＿＿＿＿＿＿＿＿。

D 「～代わりに」の使い方を練習しましょう。

1. さいきん、電話の代わりにメッセージアプリを使う人が多くなりました。
2. 今の子どもたちは外であそぶ代わりに、家の中でゲームをすることが多いそうだ。
3. ＿＿＿＿＿＿＿＿＿＿＿＿＿＿＿＿＿＿＿＿＿＿＿＿＿＿。

聞きましょう

大学生のもえさんとはるなさんが話しています。メモを取りながら二人の会話を聞いて、質問に答えましょう。

〈質問〉

a～dの中から会話と合っているものを選んで、書きましょう。

1.（　　　　　）　2.（　　　　　）

音読しましょう

A　次の文は、〈聞きましょう〉の会話を説明した文です。この文を読んで、質問に答えましょう。

だいがくせいのもえさんとはるなさんがメッセージのおくりかたについてはなしています。もえさんははるなさんにアルバイトのみせのてんちょうからきたメッセージをみせました。もえさんはきのうアルバイトのみせのてんちょうとごはんをたべにいき、かえりにおれいのメッセージをおくりました。すると、てんちょうからとてもながいメッセージがきて、やりとりがなかなかおわりませんでした。もえさんはいつもともだちとみじかいぶんでやりとりをするので、へんじにこまってしまい、たいへんだったとはるなさんにはなしました。しかし、はるなさんはそのメッセージをみて、てんちょうはもえさんにきもちをつたえたくて、えもじをつかってていねいなメッセージをかいてくれたのではないかといいました。そして、あいてのことをかんがえて、ぶんのながさやえもじのつかいかたをかえてみるのもいいのではないかとはなしました。

〈質問〉

1. もえさんはアルバイトのみせのてんちょうにどんなメッセージをおくりましたか。
2. そのてんちょうからきたメッセージはどんなメッセージでしたか。
3. もえさんはてんちょうのメッセージをみて、どうおもいましたか。
4. はるなさんはてんちょうのメッセージをみて、どうおもいましたか。
5. はるなさんはもえさんにどんなアドバイスをしましたか。

B ひらがなとカタカナで書かれたAの文を、ひらがな・カタカナ・漢字でもう一度書きましょう。

____

____

____

____

____

____

わいわい話しましょう

ペアかグループになって、A、Bについて話しましょう。

A メッセージを書いて、送りましょう。

1. 次の場合のメッセージを考えましょう。
   ①クラスの友だちから、「今週の土曜日、映画どう?」とメッセージが来ました。でも、その日はアルバイトがあります。友だちに返事を書きましょう。
   ②夏休みの前に、クラスのみんなと食事に行きます。そのときに、先生もさそいたいです。先生に連絡しましょう。

2. メッセージを送って、何度かやり取りをしましょう。

B メッセージの伝え方について話しましょう。

1. よく使うスタンプや絵文字をしょうかいしましょう。そして、どんなときに使うか、どうして使うかを説明しましょう。

2. SNSやメッセージアプリ、メールをどのように使い分けるといいですか。それぞれの使い方について話しましょう。

書きましょう

SNSやメッセージアプリを使うときに、気をつけていることについて、300字ぐらいで文を書きましょう。

Aは新しい漢字、Bは新しい読み方です。漢字の言葉を読んだり、書いたりして、覚えましょう。*の語は意味を調べ、(　　)の語は読み方をふくしゅうしましょう。

A	漢字	言葉	
	対	対面(たいめん)	対話(たいわ)*　対人(たいじん)*
	達	発達(はったつ)	達人(たつじん)*
	段	手段(しゅだん)	上段(じょうだん)*
	共	共感(きょうかん)	共有(きょうゆう)*　共同(きょうどう)*
	報	情報(じょうほう)	報道(ほうどう)*
	返	返事(へんじ)	返品(へんぴん)*　返金(へんきん)*
	交	交(か)わす	
	識	意識(いしき)	知識(ちしき)*
	難	難(むずか)しい	
	効	効果的(こうかてき)	時効(じこう)*　効力(こうりょく)*
	連	連絡(れんらく)	連休(れんきゅう)*　連結(れんけつ)*　関連(かんれん)*
	絡	連絡(れんらく)	
B	**漢字**	**言葉**	
	手	手段(しゅだん)	運転手(うんてんしゅ)　手法(しゅほう)*　(手(て))
	表	代表(だいひょう)	表情(ひょうじょう)　表(ひょう)*　年表(ねんぴょう)*　(表(あらわ)す)
	代	代(か)わりに	(年代(ねんだい))　(代表(だいひょう))

第9課　贈り物

この課(か)で学ぶこと

・贈り物(おくりもの)について自分のそだった地域の習慣をしょうかいしましょう。
・贈り物(おくりもの)について自分の考えを伝えましょう。

覚えましょう

土地(とち)	友人(ゆうじん)	ある(調査(ちょうさ))	約(やく)(90%)
つまり	経験(けいけん)スル	限定(げんてい)スル	定番(ていばん)
(旅行(りょこう))先(さき)	出来事(できごと)	苦手(にがて)ナ	高価(こうか)ナ
お返し(かえし)[←返す(かえす)]		けっこうナ	贈り物(おくりもの)
付き合い(つきあい)[←付き合う(つきあう)]		いっさい	

いっしょに考えましょう

1.　旅行に行っておみやげを買うのが好きですか。

2.　もらって困(こま)ったおみやげがありますか。それは何ですか。

3.　①～④の場合、相手に何かあげますか。
　①　友だちの家に行くとき
　②　借りた物を返(かえ)すとき
　③　仕事を手伝ってもらったとき
　④　ひさしぶりに友だちに会ったとき

「みんなにおみやげ」

旅行が好きな人は多く、みんないろいろな所へ出かけます。旅行の楽しみの一つが買い物です。その土地のめずらしい物を見つけると、ついつい家族や友人に、そして自分にもおみやげを買ってしまいます。ある調査によると、旅行に行ったときおみやげを買う人は、「必ず」と「ときどき」を合わせて約90%になるそうです。ほとんどの人がおみやげを買うということは、つまり、ほとんどの人がおみやげをもらった経験があるということになります。

友人や職場の人からもらうおみやげで、一番多いのは食べ物でしょう。特に、おかしをもらうことがよくあります。地域限定の物、定番のおいしい物など、もらえるのはうれしいし、旅行先での出来事を聞くのも楽しいです。

でも、おみやげをもらって困るときもあります。苦手な物や、高価な物をもらったときなどです。また、いつも周りの人からおみやげをもらっていると、「もらってばかりいるのはよくない。お返しをしないと」と思ってしまう人もけっこう多いようです。おみやげを買うのは、みんながいつもおみやげをくれるからだという人もいます。旅行は楽しいけれど、おみやげを選ぶのは大変だと感じてしまうそうです。

贈り物についての考えは、人によって違います。人との付き合いがめんどうで、おみやげはいっさい買わないと決めている人もいるそうです。楽しい旅行のおみやげが、周りの人との関係をよくもするし、悪くもするということでしょうか。

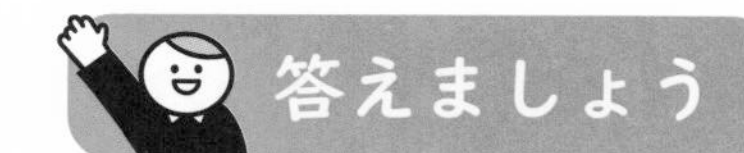

答えましょう

1. 旅行に行っておみやげを買う人は何%ぐらいいますか。
2. おみやげをもらって、いいことは何ですか。
3. おみやげをもらって、困ることは何ですか。
4. 多くの人がお返しをしないといけないと思うのは、どうしてですか。
5. おみやげを買わないと決めている人がいるのは、どうしてですか。

使いましょう

A 「〜は〜ということだ／ということになる」の使い方を練習しましょう。

1. 見ていないのに「見た」と言ったということは、つまりケンさんの話はうそだということになります。
2. 「できれば行きたい」というのは、「パーティーには行けない」ということだ。
3. ＿＿＿＿＿＿＿＿＿＿＿＿＿＿＿＿＿＿＿＿＿＿＿＿＿＿＿＿＿＿。

B 「〜そうだ」の使い方を練習しましょう。

1. ニュースによると、きのうとなりの町で火事があったそうです。
2. 先生の話では、自分の意見を言わない日本人はまだ多いのだそうだ。
3. ＿＿＿＿＿＿＿＿＿＿＿＿＿＿＿＿＿＿＿＿＿＿＿＿＿＿＿＿＿＿。

C 「〜てばかりいる」の使い方を練習しましょう。

1. テストの前なのに、兄はあそんでばかりいます。
2. 田中さんはずっと自分のことを話してばかりいて、私の話は聞いてくれない。
3. ＿＿＿＿＿＿＿＿＿＿＿＿＿＿＿＿＿＿＿＿＿＿＿＿＿＿＿＿＿＿。

D 「〜によって」の使い方を練習しましょう。

1. 文化や生活習慣は地域によっていろいろです。
2. 好きな食べ物は人によって違う。
3. ＿＿＿＿＿＿＿＿＿＿＿＿＿＿＿＿＿＿＿＿＿＿＿＿＿＿＿＿＿＿。

聞きましょう

同じ職場で働くゆきこさんとみかさんが話しています。メモを取りながら二人の会話を聞いて、質問に答えましょう。

〈質問〉

a～dの中から会話と合っているものを選んで、書きましょう。

1.（　　　　　）　2.（　　　　　）

音読しましょう

A　次の文は、〈聞きましょう〉の会話を説明した文です。この文を読んで、質問に答えましょう。

ゆきこさんは、おなじしょくばでしたしくしているみかさんにおおさかのおみやげをかってきました。みかさんはそのおみやげのおかしをみて、おどろきました。おおさかのかいしゃがつくっているおかしだとしらなかったからです。こどものとき、そのおかしがだいすきで、おとうととよくいっしょにたべたことをおもいだしました。そのことをはなしたら、ゆきこさんはみかさんにおとうとがいることをしらなかったので、おどろきました。おとうとのことをおもいだして、みかさんはこんばんおとうとにれんらくして、おかしのことをはなしてみようとおもっています。ゆきこさんは、みかさんのおとうとのはなしがきけたので、おみやげをかってきてよかったとおもいました。

〈質問〉

1.　だれがだれにおみやげをかってきましたか。
2.　みかさんはそのおみやげをみて、どうしておどろきましたか。
3.　みかさんはそのおみやげをみて、なにをおもいだしましたか。
4.　ゆきこさんはどうしてみかさんのはなしをきいておどろきましたか。
5.　ゆきこさんはどうしておみやげをかってきてよかったとおもいましたか。

Ⓑ ひらがなとカタカナで書かれたⒶの文を、ひらがな・カタカナ・漢字でもう一度書きましょう。

わいわい話しましょう

ペアかグループになって、Ⓐ、Ⓑについて話しましょう。

Ⓐ 贈り物の習慣について、インタビューをしましょう。

1. 質問を考えましょう。
   れい：どんなときに、だれに、どんな物をあげますか。
   その贈り物にどんな気持ちや意味がありますか。
   贈り物をくれた人にお返しをしますか。それはどうしてですか。
2. ほかのペアの人たちにインタビューしましょう。
3. インタビューの結果をほかの人に伝えましょう。

Ⓑ 「贈り物」について自分の考えを伝えましょう。

1. 人から物をもらったとき、困った経験がありますか。
2. 贈り物をもらったら、必ずお返しをしたほうがいいと思いますか。
3. 話し合ったことをほかの人たちに伝えましょう。

書きましょう

贈り物にお返しをしたほうがいいかどうか、自分の意見を400字ぐらいで書きましょう。

漢字の練習をしましょう

Ａは新しい漢字、Ｂは新しい読み方です。漢字の言葉を読んだり、書いたりして、覚えましょう。＊の語は意味を調べ、（　　）の語は読み方をふくしゅうしましょう。

A	漢字	言葉	
	約	約（やく）90％	
	経	経験（けいけん）	
	番	定番（ていばん）	一番（いちばん）
	限	限定（げんてい）	限度（げんど）＊　限界（げんかい）＊
	困	困（こま）る	
	苦	苦手（にがて）	苦（にが）い
	価	高価（こうか）	安価（あんか）＊　定価（ていか）＊
	贈	贈（おく）り物（もの）	贈（おく）る
	違	違（ちが）う	違（ちが）い
	付	付（つ）き合（あ）い	付（つ）き合（あ）う
	決	決（き）める	決（き）まる
B	**漢字**	**言葉**	
	土	土地（とち）	（土曜日（どようび））
	必	必（かなら）ず	（必要（ひつよう））
	先	旅行先（りょこうさき）	（先生（せんせい））
	返	お返（かえ）し	返（かえ）す　（返事（へんじ））

第10課 ペットは家族

この課で学ぶこと

動物を飼うことについて、自分の考えを説明しましょう。

覚えましょう

飼う	ビジネス	ペットフード	えさ
販売スル	無（農薬）	農薬	材料
しつけ［←しつける］	当たり前	プロ［←プロフェッショナル］	
あずかる	マナー	そそぐ	ただの～
長生きスル	拡大スル	はなれる	

いっしょに考えましょう

1. 動物が好きですか。

2. ペットを飼いたいと思いますか。それはどうしてですか。

3. スーパーやコンビニでペットのための商品を見たことがありますか。どんな物がありますか。

「ペットはしあわせ？」

最近は犬やねこを飼う人が多く、ペットビジネスがとてもさかんです。たとえば、ペットフードです。昔は犬やねこが食べる物は何でもいいと思われていました。しかし、だんだんペットのためのえさが販売されるようになり、今は無農薬の材料を使ったえさや、いろいろなえいようが入ったえさが売られています。それから、ペットのしつけも変わってきました。昔は家庭でするのが当たり前でしたが、今はプロにしつけをしてもらうこともあります。朝から夕方まで犬をあずかって、さんぽをさせたり、遊ばせながら必要なマナーを教えたりするところがあるそうです。愛情をそそぐだけでなく、ペットにお金をかける家庭が増えているのです。

なぜこのように変わってきたのでしょうか。その理由の一つは、ペットと人間の関係が近くなったことです。家族の人数が少なくなり、ペットを飼う人が増え、ペットはただのペットではなく「家族だ」と考える人が増えたためです。それで、長生きできるように健康を考えたり、安心してすごすために教育をプロにたのんだりしているのです。ペットと人間の関係が近づくと、ペットビジネスも拡大するようです。

ところで、ペットたちはどう感じているのでしょうか。たとえば昼間仕事をしている人なら、仕事中に犬をあずけることができれば、便利だし安心です。でも、犬は慣れない場所に行かされて家族とはなれるのがさびしいかもしれません。今あるビジネスが本当にペットのためなのかどうか、もう一度考えてみなければなりません。

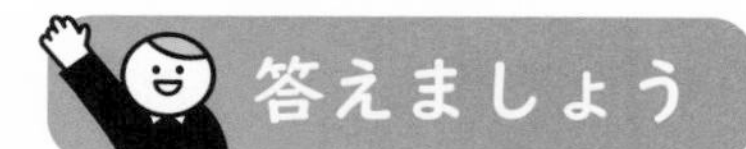

答えましょう

1. 今、ペットのためにどんなえさが売られていますか。
2. ペットのしつけはどのように変わってきましたか。
3. ペットビジネスがさかんになった理由は何ですか。
4. 昼間ほかの場所にあずけられた犬はどう感じているでしょうか。
5. この人は、どんなことをもう一度考えなければならないと言っていますか。

使いましょう

A 「～（ら）れる」の使い方を練習しましょう。

1. この歌は世界中の人に知られています。
2. 運動をすると、ストレスが軽くなると言われている。
3. ＿＿＿＿＿＿＿＿＿＿＿＿＿＿＿＿＿＿＿＿＿＿＿＿＿＿＿＿。

B 「～（さ）せる」の使い方を練習しましょう。

1. 子どもが外国の大学に行きたいと言ったら、行かせるつもりです。
2. 私はときどき子どもにそうじや料理を手伝わせる。
3. ＿＿＿＿＿＿＿＿＿＿＿＿＿＿＿＿＿＿＿＿＿＿＿＿＿＿＿＿。

C 「～ように」の使い方を練習しましょう。

1. すぐに使えるように、いつもかばんに小さいかさを入れています。
2. 朝ねぼうしないように、めざまし時計を三つ使っている。
3. ＿＿＿＿＿＿＿＿＿＿＿＿＿＿＿＿＿＿＿＿＿＿＿＿＿＿＿＿。

D 「～（さ）せられる／される」の使い方を練習しましょう。

1. 毎晩母にピアノの練習をさせられますが、ピアノはあまり好きではありません。
2. 寒いのに友だちに長い時間待たされて、とてもつかれた。
3. ＿＿＿＿＿＿＿＿＿＿＿＿＿＿＿＿＿＿＿＿＿＿＿＿＿＿＿＿。

聞きましょう

同じアルバイト先で働いているりゅうがくせいのエレナさんと大学生のじゅんさんが話しています。メモを取りながら二人の会話を聞いて、質問に答えましょう。

〈質問〉

a ～ d の中から会話と合っているものを選んで、書きましょう。

1.（　　　　　）　2.（　　　　　）

音読しましょう

A 次の文は、〈聞きましょう〉の会話を説明した文です。この文を読んで、質問に答えましょう。

アルバイトさきでりゅうがくせいのエレナさんとだいがくせいのじゅんさんがペットについてはなしています。エレナさんはじゅんさんにじぶんのいぬのしゃしんをみせました。せんしゅういぬのたんじょうびにとったしゃしんだそうです。そのとき、いぬにかわいいふくをきせていました。じゅんさんはエレナさんがじぶんのいぬについてはなすのをきいてびっくりしました。じゅんさんはいぬはただのペットだとかんがえていますが、エレナさんはいぬはたいせつなかぞくだとかんがえているからです。エレナさんのいぬはからだがちいさくて、さむさによわいから、ふくがひつようですが、すこしおかねがかかります。エレナさんは、かわいいいぬのためだから、だいじょうぶだといっています。じゅんさんはそれをきいて、いろいろなかんがえかたがあるなとおもいました。

〈質問〉

1. エレナさんはじゅんさんにどんなしゃしんをみせましたか。
2. じゅんさんはエレナさんがじぶんのいぬについてはなすのをきいて、どうしてびっくりしましたか。
3. エレナさんのいぬはどうしてふくがひつようなのですか。
4. エレナさんはいぬのためにおかねをつかうことをどうおもっていますか。
5. じゅんさんはエレナさんのはなしをきいて、どうおもいましたか。

B ひらがなとカタカナで書かれたAの文を、ひらがな・カタカナ・漢字でもう一度書きましょう。

わいわい話しましょう

ペアかグループになって、動物を飼う場合、どんなことに気をつければいいか話しましょう。

1. 動物を飼う場合、いいことは何だと思いますか。

2. 動物を飼う場合、気をつけなければならないことは何だと思いますか。

3. 話し合ったことをほかの人にも伝えましょう。

書きましょう

動物を飼うことについて、自分の意見を400字ぐらいで書きましょう。

漢字の練習をしましょう

Aは新しい漢字、Bは新しい読み方です。漢字の言葉を読んだり、書いたりして、覚えましょう。＊の語は意味を調べ、（　　）の語は読み方をふくしゅうしましょう。

A	漢字	言葉	
	最	最近（さいきん）	最高（さいこう）＊　最下位（さいかい）＊ L11
	飼	飼う（かう）	
	昔	昔（むかし）	
	販	販売（はんばい）	自動販売機（じどうはんばいき）＊
	無	無農薬（むのうやく）	無理（むり）
	農	農薬（のうやく）	農業（のうぎょう）　農家（のうか）＊
	庭	家庭（かてい）	
	当	当たり前（あたりまえ）	当たる（あたる）＊
	遊	遊ぶ（あそぶ）	
	増	増える（ふえる）	増やす（ふやす）
	育	教育（きょういく）	体育（たいいく）
	拡	拡大（かくだい）	
B	**漢字**	**言葉**	
	薬	農薬（のうやく）	（薬（くすり））
	間	人間（にんげん）	（昼間（ひるま））（時間（じかん））
	慣	慣れる（なれる）	（習慣（しゅうかん））

第11課　結婚

この課（か）で学ぶこと

結婚（けっこん）について、自分の考えを説明しましょう。

覚えましょう

ふくむ	男女（だんじょ）	対象（たいしょう）	当然（とうぜん）
比較的（ひかくてき）	前（まえ）むき ナ・ニ	どちらかというと	最下位（さいかい）
現実的（げんじつてき） ナ・ニ	経済的（けいざいてき） ナ・ニ	以前（いぜん）	えいきょう スル
未婚（みこん）	ライフスタイル	せんたく スル	

いっしょに考えましょう

1. 結婚（けっこん）したほうがいいと思いますか。それはどうしてですか。

2. 子どもがいたほうがいいと思いますか。それはどうしてですか。

3. 結婚（けっこん）する場合に一番大切なことは何だと思いますか。

   a. お金　　b. 愛情　　c. 考え方　　d. そのほか

「結婚しませんか」

みなさんは結婚したいと思いますか。また、結婚してよかったと思いますか。もしかしたら、結婚のことなど考えたこともないという人や、結婚しなければよかったと思う人もいるかもしれません。

日本をふくむ7か国の13歳から29歳の男女を対象に行われた調査によると、「結婚するのが当然だ」「結婚したほうがいい」と考える日本のわかものは、50.9%で2番目に高いわりあいでした。もっとも低い国が29.9%ですから、日本のわかものが結婚について比較的前むきに考えていることがわかります。

しかし、「40歳ぐらいの自分は結婚していると思いますか」という質問に対しては、「そう思う」「どちらかというとそう思う」と答えた日本人は58.4%で最下位でした。このことから、日本人のわかものが結婚はしたいけれども、現実的には難しいと考えていることがわかります。また、「あなたはぜんぶで何人の子どもがほしいですか」という質問に対しては、日本人は16.7%が「子どもはほしくない」と2番目に高いわりあいになっています。さらに、「40歳ぐらいの自分は子どもを育てていると思いますか」という質問に「そう思う」「どちらかというとそう思う」と答えたわりあいも55.3%で最下位でした。

結婚が難しいと思うのは、経済的なことと関係があるかもしれません。また、子どもはほしくないと考えるのは、家族のあり方に対する考え方が以前とは変わってきていることもえいきょうしているのではないでしょうか。未婚の人も増えている今、大事なのは自分のライフスタイルに合った生き方をせんたくすることだと思います。

答えましょう

1. ある調査での「結婚するのが当然だ」「結婚したほうがいい」と考える日本のわかもののわりあいはどのぐらいでしたか。
2. 日本人のわかものが結婚はしたいけれども、現実的には難しいと考えていることがわかるのはどうしてですか。
3. 「子どもはほしくない」と答えた人のわりあいはどのぐらいでしたか。
4. わかものが結婚が難しいと考えたり、子どもはほしくないと考えたりする理由は何ですか。
5. この文を書いた人が大事だと思っていることは何ですか。

使いましょう

A 「～など～も～ない」の使い方を練習しましょう。

1. 休みの日に人がたくさん集まる所へなど行こうとも思いません。
2. 一度はあの男の顔など見たくもないと思ったが、今では親友だ。
3. ＿＿＿＿＿＿＿＿＿＿＿＿＿＿＿＿＿＿＿＿＿＿＿＿＿＿＿＿＿＿。

B 「～ばよかった」の使い方を練習しましょう。

1. 後になって、あんなことは言わなければよかったと思うことがたまにあります。
2. 大学のじゅぎょうは本当に難しい。日本語学校でもっと勉強しておけばよかった。
3. ＿＿＿＿＿＿＿＿＿＿＿＿＿＿＿＿＿＿＿＿＿＿＿＿＿＿＿＿＿＿。

C 「～に対して」の使い方を練習しましょう。

1. 私のメッセージに対して友だちがおもしろいスタンプを返してきたので、わらってしまいました。
2. 田中先生はきびしいが、その言葉からは学生に対する愛情が感じられる。
3. ＿＿＿＿＿＿＿＿＿＿＿＿＿＿＿＿＿＿＿＿＿＿＿＿＿＿＿＿＿＿。

D 「～は～と関係がある」の使い方を練習しましょう。

1. 作文が苦手な学生が増えたのは、ほんやくのアプリが増えたことと関係があるのではないでしょうか。
2. 日本人が長生きなのは、食べ物と関係があるらしい。
3. ＿＿＿＿＿＿＿＿＿＿＿＿＿＿＿＿＿＿＿＿＿＿＿＿＿＿＿＿＿＿。

聞きましょう

同じ職場で働くマイさんとクリスさんが話しています。メモを取りながら二人の会話を聞いて、質問に答えましょう。

〈質問〉

a～dの中から会話と合っているものを選んで、書きましょう。

1.（　　　　　）　2.（　　　　　）

音読しましょう

A　次の文は、〈聞きましょう〉の会話を説明した文です。この文を読んで、質問に答えましょう。

マイさんはおなじしょくばではたらくクリスさんにけっこんについてそうだんしました。いま、にほんじんとけっこんしたいとおもっていますが、そのにほんじんのおやにけっこんをはんたいされています。りゆうは、ぶんかやしゅうかんがちがうと、うまくいかないことや、こどもががっこうでいじめられることなどです。クリスさんはそれをきいて、じぶんもにほんじんとけっこんしてたいへんなこともあったが、ふたりでがんばればだいじょうぶだし、おたがいがすきなら、けっこんしたほうがいいといっています。それをきいたマイさんは、にほんじんのおやにりかいしてもらえるようにもっとよくはなしたほうがいいとおもいました。

〈質問〉

1. マイさんは、いま、だれとけっこんしたいとおもっていますか。
2. マイさんは、だれにけっこんをはんたいされていますか。
3. それはどうしてですか。
4. クリスさんは、それをきいて、なんといいましたか。
5. マイさんは、それをきいて、どうおもいましたか。

B ひらがなとカタカナで書かれたAの文を、ひらがな・カタカナ・漢字でもう一度書きましょう。

わいわい話しましょう

ペアかグループになって、みなさんの育った地域のわかものの結婚について調べましょう。

1. 何歳で結婚するか、子どもは何人ほしいか、未婚の人のわりあいなどを調べてみましょう。そして、10年前と今とでどのように違うかくらべましょう。

2. 調べた結果から、どうしてそうなったか考えましょう。

3. 調べた結果を見せて、ほかの人に説明しましょう。

書きましょう

結婚について、自分の意見を400字ぐらいで書きましょう。

漢字の練習をしましょう

Aは新しい漢字、Bは新しい読み方です。漢字の言葉を読んだり、書いたりして、覚えましょう。*の語は意味を調べ、(　　)の語は読み方をふくしゅうしましょう。

A	漢字	言葉	
	婚	結婚（けっこん）	婚約（こんやく）*
	歳	13歳（さい）	歳末（さいまつ）*
	象	対象（たいしょう）	現象（げんしょう）*
	比	比較的（ひかくてき）	対比（たいひ）*
	較	比較的（ひかくてき）	
	位	最下位（さいかい）	第一位（だいいちい）*
	現	現実的（げんじつてき）	現在（げんざい）*　現代（げんだい）*
	実	現実的（げんじつてき）	実（じつ）は　実用（じつよう）*　実感（じっかん）*
	済	経済的（けいざいてき）	
	未	未婚（みこん）	未来（みらい）*　未定（みてい）*

B	漢字	言葉	
	男	男女（だんじょ）	男性（だんせい）　男子（だんし）*　(男（おとこ）)
	女	男女（だんじょ）	女性（じょせい）　女子（じょし）*　(女（おんな）)
	当	当然（とうぜん）	(当（あ）たり前（まえ）)
	下	最下位（さいかい）	以下（いか）　(下（した）)
	育	育（そだ）てる	育（そだ）つ　(教育（きょういく）)

第12課 知っているようで知らないこと

この課（か）で学ぶこと

主食について調べたことをほかの人に伝えましょう。

覚えましょう

主食（しゅしょく）	食生活（しょくせいかつ）	なくてはならない	たき立（た）て
食品（しょくひん）	（1ぱい）分（ぶん）	ほぞんスル	おかゆ
原材料（げんざいりょう）	（一（ひと））つぶ	生産（せいさん）スル	品種（ひんしゅ）
改良（かいりょう）スル	（生産（せいさん））地（ち）	ほぼ	国内（こくない）
消費（しょうひ）スル	（へり）続（つづ）ける	量（りょう）	めん
（めん）類（るい）	びよう		

いっしょに考えましょう

1. 次の質問に答えましょう。

①世界でもっとも多く米を作っている国は中国ですが、２番目に多く作っている国はどこですか。

a. インド　　b. インドネシア　　c. ブラジル

②日本でもっとも早く、新しい米ができるのは、何月ですか。

a. ６月　　b. ７月　　c. ８月

③１ぱいの茶わんには、何つぶの米が入っていますか。

a. 約 1,250 つぶ　　b. 約 2,250 つぶ　　c. 約 3,250 つぶ

2. ご飯を食べることが多いですか。それとも、パンを食べることが多いですか。

3. 自分の育った地域の主食は何ですか。

「ご飯はお米？」

米は主食として日本の食生活になくてはならないものです。たき立てのご飯は、あまくて、とてもおいしいです。そして、ほかの食品と比べても、安くて経済的です。５キロ 2,000 円の米を買ったとすれば、茶わん１ぱい分の値段は 30 円ほどです。また、長くほぞんでき、おかゆやおにぎりなど食べ方もいろいろありますし、酒やみそ、もちなど、ほかの食品の原材料にもなります。

昔から私たちは、「米を一つぶものこさず、大切にしなさい」と教えられてきました。米は寒さに弱い植物でしたから、寒い地域では生産が難しく、台風や雪などで気温が低い年には、米ができないこともありました。それで、1921 年に最初の品種改良が行われ、寒い所でも育つ米ができました。100 年後の 2021 年には、300 品種以上、１年に約 756 万トンの米が生産されています。そして、北海道や東北は今、品質のよい米の生産地として有名です。

日本で食べる米はほぼ 100% 国内で生産されています。しかし、米の消費はへり続けています。１年に一人が食べる量は、1962 年に約 118 キロでしたが、2021 年は約 50 キロになってしまいました。パンやめん類などの消費が増えたこと、家で食事を作る機会がへったこと、びようや健康のためなどの理由が考えられます。それで、今は米を使ってパンやめん類を作ったり、太りにくい米に改良したりして、消費を増やす努力をしています。米の生産がへらないように、米のよさを思い出してほしいと思います。

答えましょう

1. 米のよい点は何ですか。
2. 米ができないのはどんな年ですか。
3. 1921年にどんなことがありましたか。
4. 2021年には、米はどのぐらい生産されていますか。
5. 米の消費は、60年前と比べて、どうなりましたか。

使いましょう

A 「～とすれば」の使い方を練習しましょう。

1. 兄が休みの日に出かけることはありません。兄が出かけるとすれば、本屋へ行くぐらいです。
2. 1日に漢字を3字ずつ覚えたとすれば、1か月で90字は覚えられるだろう。
3. ＿＿＿＿＿＿＿＿＿＿＿＿＿＿＿＿＿＿＿＿＿＿＿＿＿＿＿＿。

B 「～ことが／こともある」の使い方を練習しましょう。

1. 薬が合わないことがあるので、その場合は、病院にそうだんしてください。
2. 毎朝、1時間走るが、天気が悪いときや体調がよくないときは、走らないこともある。
3. ＿＿＿＿＿＿＿＿＿＿＿＿＿＿＿＿＿＿＿＿＿＿＿＿＿＿＿＿。

C 「それで」の使い方を練習しましょう。

1. 先週めがねをおとしてこわしてしまいました。それで、新しい物を作りました。
2. 今年は台風の数も多く、雨の量も増えました。それで、やさいの生産がへり、値(ね)段(だん)も上がりました。
3. ＿＿＿＿＿＿＿＿＿＿＿＿。それで、＿＿＿＿＿＿＿＿＿＿＿＿。

D 「～てほしい」の使い方を練習しましょう。

1. 妹に買い物に行ってほしいとたのみましたが、今いそがしいと言われました。
2. 母はいつも「周りの人たちといい関係を作ってほしい」と言っています。
3. ＿＿＿＿＿＿＿＿＿＿＿＿＿＿＿＿＿＿＿＿＿＿＿＿＿＿＿＿。

聞きましょう

同じ職場で働く森田さんとガルシアさんが話しています。メモを取りながら二人の話を聞いて、質問に答えましょう。

〈質問〉

a～dの中から会話と合っているものを選んで、書きましょう。

1.（　　　　）　2.（　　　　）

音読しましょう

A　次の文は、〈聞きましょう〉の会話を説明した文です。この文を読んで、質問に答えましょう。

おなじかいしゃでしごとをしているガルシアさんともりたさんがひるやすみにごはんをたべています。ガルシアさんは、もりたさんがつくってきたまめのはいったあかいごはんをみて、メキシコにもおなじようなごはんがあるといいました。メキシコでも、まめとごはんはよくいっしょにたべるそうです。このごはんは「せきはん」といって、なにかいいことがあったときにたべます。きょうはもりたさんのこどものたんじょうびだったので、つくったそうです。このごはんをたべてみて、ガルシアさんはとてもきにいって、もりたさんにつくりかたをおしえてほしいとたのみました。もりたさんがつくりかたをかいてくれるといっているので、ガルシアさんはじぶんでつくってみようとおもっています。

〈質問〉

1. ガルシアさんともりたさんは、いつ、どこではなしをしましたか。
2. もりたさんは、ガルシアさんになにをあげましたか。
3. メキシコにもおなじようなものがありますか。
4. もりたさんは、どうして「せきはん」をつくりましたか。
5. ガルシアさんは、もりたさんにどんなことをたのみましたか。

B ひらがなとカタカナで書かれたAの文を、ひらがな・カタカナ・漢字でもう一度書きましょう。

わいわい話しましょう

ペアかグループになって、A、Bについて話しましょう。

A 主食について調べてみましょう。

1. 自分の育った地域の主食について調べましょう。
   - それは何ですか。
   - 日本の米とどう違いますか。
   - 生産量、消費量はどうですか。
2. 主食について何か問題がありますか。その原因は何ですか。
3. 調べた結果をみんなに伝えましょう。

B ご飯とパンを比べて、いい所、よくない所を考えてみましょう。

1. ご飯のいい所、よくない所は何ですか。
2. パンのいい所、よくない所は何ですか。
3. えいようや健康、経済、便利さなどを考えて、どちらがいいか、話しましょう。

書きましょう

ご飯とパンのどちらがいいか自分の意見を、400 ～ 600 字ぐらいで書きましょう。

漢字の練習をしましょう

Aは新しい漢字、Bは新しい読み方です。漢字の言葉を読んだり、書いたりして、覚えましょう。*の語は意味を調べ、(　　)の語は読み方をふくしゅうしましょう。

A	漢字	言葉	
	値	値段（ねだん）	値上がり（ねあがり）*
	酒	酒（さけ）	
	植	植物（しょくぶつ）	
	産	生産（せいさん）	産業（さんぎょう）*　出産（しゅっさん）*
	雪	雪（ゆき）	大雪（おおゆき）*
	初	最初（さいしょ）	初回（しょかい）*　初期（しょき）*
	種	品種（ひんしゅ）	種類（しゅるい）*
	改	改良（かいりょう）	
	良	改良（かいりょう）	最良（さいりょう）*　良質（りょうしつ）*　良心（りょうしん）*
	内	国内（こくない）	学内（がくない）*　社内（しゃない）*
	費	消費（しょうひ）	費用（ひよう）　学費（がくひ）*
	続	続ける（つづける）	続く（つづく）
	量	量（りょう）	生産量（せいさんりょう）
	類	(めん)類（るい）	類（るい）*　種類（しゅるい）*
B	**漢字**	**言葉**	
	比	比べる（くらべる）	

〈使いましょう〉練習項目一覧

第１課
A. ～よう
B. ～と言います
C. ～ため
D. オノマトペ

第２課
A. ～と言えば
B. 人・場所・物などを説明する言い方
C. ～てあります・～ています
D. ～ば

第３課
A. ～か・～かどうか
B. ～ていきます
C. ～まま
D. ～てきます

第４課
A. ～と
B. ～という～
C. ～ようになる／～なくなる
D. ～によって

第５課
A. ～点では、～
B. ～ことはない
C. ～ずに
D. 二つ以上の形容詞・動詞を一つの文の中で使う練習

第６課
A. あまりに（も）
B. ～ため
C. ～よう
D. ～せい

第７課
A. ～とは／～というのは、～（の）ことだ
B. ～場合
C. もしかしたら～のかもしれない
D. ～も～ば、～も～

第８課
A. ～とともに
B. ～として
C. ～を通して
D. ～代わりに

第９課
A. ～は～ということだ／ということになる
B. ～そうだ
C. ～てばかりいる
D. ～によって

第１０課
A. ～（ら）れる
B. ～（さ）せる
C. ～ように
D. ～（さ）せられる／される

第１１課
A. ～など～も～ない
B. ～ばよかった
C. ～に対して
D. ～は～と関係がある

第１２課
A. ～とすれば
B. ～ことが／こともある
C. それで
D. ～てほしい

新出語彙索引

あ行

か行

さ行

た行

な行

は行

ま行

や行

ら行

わ行

新出漢字索引

読み方	漢字	語	読み替え	課
あ	当	当たり前		10
あい	愛	愛情		2
あい	相	相手		4
あそ	遊	遊ぶ		10
あらわ	表	表す		1
い	異	異文化		4
い	位	最下位		11
いき	域	地域		2
いく	育	教育		10
いん	因	原因		6
え	絵	絵		2
えら	選	選ぶ		5
おく	贈	贈り物		9
おとな	大人	大人	*	5
おぼ	覚	覚える		1
おん	温	気温		3
か	変	変わる		3
か	化	変化		3
か	果	結果		6
か	交	交わす		8
か	代	代わりに	*	8
か	価	高価		9
か	飼	飼う		10
か	下	最下位	*	11
かい	解	解消		6
かい	改	改良		12
かえ	返	お返し	*	9
かく	拡	拡大		10
かく	較	比較的		11
かたち	形	形		2
かつ	活	生活		1
かなら	必	必ず	*	9
かん	感	感じ		1
かん	慣	習慣		3
かん	簡	簡単		5
かん	関	関係		7

読み方	漢字	語	読み替え	課
き	機	ほんやく機		4
き	期	期待		7
き	決	決める		9
ぎ	義	定義		7
きょう	共	共感		8
ぎょう	行	行事	*	3
く	組	組み合わせ		2
ぐ	具	ぶんぼう具		5
くら	比	比べる	*	12
け	消	消しくず		5
けい	係	関係		7
けい	経	経験		9
けつ	結	結果		6
けん	健	健康		6
げん	言	言語	*	4
げん	限	限定		9
げん	間	人間	*	10
げん	現	現実的		11
こう	康	健康		6
こう	効	効果的		8
こと	言	言葉	*	1
こま	困	困る		9
こん	婚	結婚		11
さ	作	動作	*	1
さ	査	調査		6
さい	最	最近		10
さい	歳	(13) 歳		11
ざい	材	食材		2
ざい	済	経済的		11
さき	先	旅行先	*	9
さけ	酒	酒		12
さん	産	生産		12
し	自	自然	*	3
しき	識	意識		8
した	親	親しい	*	7
じつ	実	現実的		11
しゅ	手	手段	*	8
しゅ	種	品種		12
しゅう	習	習慣	*	3
しょ	初	最初		12
じょ	女	男女	*	11
しょう	商	商品		1

読み方	漢字	語	読み替え	課
しょう	消	解消	*	6
しょう	象	対象		11
じょう	状	状態		1
じょう	情	愛情		2
しょく	職	職場		2
しょく	色	特色	*	2
しょく	植	植物		12
すい	睡	睡眠		6
すう	数	人数	*	7
せい	声	音声	*	4
せい	性	機能性		5
ぜん	然	自然		3
そだ	育	育てる	*	11
たい	態	状態		1
たい	待	期待	*	7
たい	対	対面		8
たが	互	お互い		3
たつ	達	発達		8
たん	単	簡単		5
だん	段	手段		8
だん	男	男女	*	11
ちが	違	違う		9
ちょう	調	体調	*	3
つ	付	付き合い		9
つぎ	次	次		3
つた	伝	伝わる		1
つづ	続	続ける		12
てい	程	程度		7
てい	定	定義		7
てい	庭	家庭		10
てき	的	目的		7
と	取	取り出す		5
と	土	土地	*	9
ど	努	努力		4
とう	当	当然	*	11
な	慣	慣れる	*	10
ない	内	国内		12
なか	仲	仲間		7
にが	苦	苦手		9
ね	値	値段		12
ねむ	眠	眠る		6
の	乗	乗る		7

読み方	漢字	語	読み替え	課
のう	能	機能		5
のう	農	農薬		10
は	刃	刃		5
ば	葉	言葉		1
はん	販	販売		10
ばん	番	定番		9
ひ	比	比較的		11
ひ	費	消費		12
ひつ	必	必要		4
ひょう	表	代表	*	8
ふ	増	増える		10
へん	変	変化	*	3
へん	返	返事		8
ほう	法	方法		6
ほう	報	情報		8
まつ	末	週末		7
まな	学	学ぶ	*	4
まわ	周	周り		2
み	未	未婚		11
みん	眠	睡眠	*	6
む	無	無農薬		10
むかし	昔	昔		10
むずか	難	難しい		8
めん	面	場面		1
も	文	文字	*	2
もく	目	目的	*	7
やく	約	約		9
やく	薬	農薬	*	10
ゆう	由	理由		4
ゆう	友	親友	*	7
ゆき	雪	雪		12
よう	要	必要		4
らく	絡	連絡		8
り	利	便利		5
りょう	量	量		12
りょう	良	改良		12
りょく	力	入力	*	4
るい	類	(めん)類		12
れん	練	練習		4
れん	連	連絡		8
わ	輪	輪		2
わす	忘	忘れる		5

〈著者紹介〉

亀田美保（かめだ　みほ）
学校法人大阪 YMCA 日本語教育センター、センター長。2008 年米国 Columbia 大学大学院夏季日本語教授法コースにて M.A. 取得。主な著書:『テーマ別　中級から学ぶ日本語』『テーマ別　上級で学ぶ日本語』『テーマ別　中級から学ぶ日本語 準拠　力を伸ばす練習帳』『テーマ別　上級で学ぶ日本語 準拠　力を伸ばす練習帳』（以上共著、研究社）ほか。

惟任将彦（これとう　まさひこ）
大阪 YMCA 学院日本語学科教務主任。関西大学大学院外国語教育学研究科博士課程前期課程にて M.A. 取得（外国語教育学）。名古屋 YMCA 日本語学院主任教員を経て、現職。主な著書に『テーマ別　中級から学ぶ日本語 三訂版　ワークブック』（共著、研究社）、『灰色の図書館』（書肆侃侃房）などがある。

佐藤真紀（さとう　まき）
大阪 YMCA 学院日本語学科専任講師。大阪外国語大学（現大阪大学）外国語学部ペルシャ語専攻。一般企業での勤務を経て、2010 年より現職。『テーマ別　上級で学ぶ日本語 三訂版』ほかテーマ別シリーズの作成に携わる。

杉野みなみ（すぎの　みなみ）
大阪 YMCA 学院日本語学科専任講師。 京都外国語大学日本語学科卒業。ベトナムの日本語学校、国内の日本語学校非常勤講師勤務を経て、2016 年度より現職。

杉山知里（すぎやま　ちさと）
大阪 YMCA 国際専門学校日本語学科専任講師。名古屋商科大学韓国語専攻。卒業後、2009 年に渡韓し、現地の日本語教育に携わる。2016 年に帰国し、2017 年より現職。『テーマ別　中級から学ぶ日本語 準拠　力を伸ばす練習帳』ほか、テーマ別シリーズの作成に携わる。

野口亮子（のぐち　りょうこ）
大阪 YMCA 国際専門学校日本語学科教務主任。北海道大学大学院水産科学研究科博士後期課程にて Ph.D 取得。日本学術振興会特別研究員在籍中に渡加。その後、大阪 YMCA 国際専門学校日本語学科専任講師を経て、2022 年より現職。『テーマ別　中級から学ぶ日本語 準拠　力を伸ばす練習帳』ほか、テーマ別シリーズの作成に携わる。

テーマ別　仲間とわいわい学ぶ日本語　Ａ２⁺～Ｂ１
基礎づくりから自立まで

2023年10月31日　初版発行

KENKYUSHA
〈検印省略〉

著　者　亀田美保・惟任将彦・佐藤真紀・杉野みなみ・杉山知里・野口亮子
発行者　吉田尚志
印刷所　図書印刷株式会社

発行所　株式会社　研究社
〒102-8152
東京都千代田区富士見2-11-3
電話（編集）03(3288)7711(代)
（営業）03(3288)7777(代)
振替　00150-9-26710
https://www.kenkyusha.co.jp/

Printed in Japan / ISBN 978-4-327-38491-3 C1081
ブックデザイン：Malpu Design（宮崎萌美）
カバーイラスト：村山宇希